Baedeker

Allianz  **Reiseführer**

W0110079

Madeira

www.baedeker.com

Verlag Karl Baedeker

TOP-REISEZIELE ★ ★

Die »Grüne Perle im Ozean« hat viel zu bieten: schroffes Hochgebirge und wildromantische Küsten, einzigartige Laurazeenwälder und eine fantastische Blütenpracht, malerische Dörfchen und eine reizvolle Hauptstadt – wir haben Ihnen zusammengestellt, was Sie auf keinen Fall versäumen sollten!

1 ★ ★ Funchal

Die Hauptstadt Madeiras lockt mit blühenden Parks, interessanten Museen, einer ebenso schlichten wie eindrucksvollen Kathedrale, dem reizvollen Hafen und einer malerischen Altstadt. Die meisten Besucher Madeiras wohnen in der Hotelzone im Westen der Stadt. ▶ Seite 134

2 ★ ★ Monte

Die berühmte Wallfahrtskirche beherbergt den Sarkophag des letzten österreichischen Kaisers. Hin kommt man beispielsweise mit der Seilbahn von Funchals Hafen aus, zurück kann man sich im Korbschlitten durchschütteln lassen. Dazwischen schlendert man durch den Jardím Tropical. ▶ Seite 161

3 ★ ★ Cabo Girão

Von einer der höchsten Steilküsten der Welt blickt man am Cabo Girão hinab, Schwindelfreiheit vorausgesetzt, denn hier geht es fast 600 m nach unten. ▶ Seite 126

4 ★ ★ Curral das Freiras

In den »Stall der Nonnen« führt ein abenteuerlich anmutendes Sträßchen am Berghang entlang; davon könnte man sich beispielsweise bei einem Kastanienlikör erholen. ▶ Seite 131

5 ★ ★ Pico do Arieiro

Bis kurz unter den Gipfel führt die bequeme Straße und bietet so auch für wenig wandererfahrene Besucher die Möglichkeit,

© Baedeker

9 Porto Moniz

8 Paúl da Serra

▲ 6 Pico Ruivo

▲ 5 Pico do Arieiro

7 Ponta de São Lourenç

4 Curral das Freiras

2 Monte

1 Funchal

3 Cabo Girão

die herrliche Hochgebirgslandschaft Madeiras und ihre großartigen Ausblicke zu genießen. ► **Seite 168**

6 ✶✶ Pico Ruivo

Den höchsten Berg Madeiras erreicht vom Pico do Arieiro aus in ungefähr vier Stunden, wer über Ausdauer und eine entsprechende Wanderausrüstung verfügt. Die Belohnung besteht in einem überwältigenden Rundblick. ► **Seite 168**

7 ✶✶ Ponta de São Lourenço

Felsig und rau präsentiert sich Madeiras Ostspitze. Die freiliegenden Felsabbrüche dokumentieren den vulkanischen Ursprung der Insel – ein Farbenspiel in Ocker, Rot, Schwarz und Blau. ► **Seite 171**

8 ✶✶ Paúl da Serra

Der Besucher fühlt sich fast nach Schottland versetzt angesichts der kargen grünen Weite, die ihn hier umfängt – madeirensisches Kontrastprogramm. ► **Seite 166**

9 ✶✶ Porto Moniz

Wenn Lava zischend ins Meer stürzt und Wind und Wellen über Jahrtausende daran

Wallfahrtskirche in Monte
Das Relief zieht Gläubige in seinen Bann.

nagen, dann können Felsformationen entstehen, die auch einen praktischen Nutzen haben – als natürliche Meerwasserschwimmbecken. ► **Seite 176**

Am Pico do Arieiro
Wanderungen auf den höchsten Höhen Madeiras bieten fantastische Ausblicke.

DIE BESTEN BAEDEKER TIPPS

Von allen Baedeker Tipps in diesem Buch haben wir hier die interessantesten für Sie zusammengestellt. Erleben und genießen Sie Madeira von seiner schönsten Seite!

⚠ Musikalischer Einstieg
Lieder aus Madeira sind auf der CD »Portugal Canta 2« zu hören. ▶ **Seite 46**

⚠ Spitzen-Schätze
Wo man Beispiele schönster Spitzenarbeiten auch aus vergangenen Zeiten bestaunen kann. ▶ **Seite 48**

Feinste Handarbeit
Auf diesem Azulejo-Gemälde sieht man Frauen an der berühmten Madeira-Stickerei sitzen.

⚠ Das Meer erleben auf dem Fischerboot
Mit einem restaurierten Fischkutter zur Delphin- und Walbeobachtung
▶ **Seite 60**

⚠ Exotisch fruchtig
Anonas, auch Cherimoyas genannt, schmecken köstlich und die unglaublich vielen braunen Kerne spuckt man einfach aus. ▶ **Seite 68**

⚠ Madeira daheim
Welche Zutaten man für eine Poncha benötigt, um sich so ein bisschen Urlaubsgeschmack nach Hause zu holen, erfahren Sie auf ▶ **Seite 69**

⚠ Neue Geschmacksrichtungen
Sie können natürlich auch einen Kastanienlikör mit nach Hause bringen. Oder wie wäre es mit den schmackhaften Fenchelbonbons aus Curral das Freiras?
▶ **Seite 83**

Madeira-Wein
Ein Gläschen in Ehren...

🔲 Naturfreunde

Wer zu Hause gerne mit den Naturfreunden wandert, muss auf Madeira nicht darauf verzichten. ► **Seite 114**

🔲 Hoch hinaus

geht es mit dem Madeira Balloon beim Hafen von Funchal – für einen ersten Überblick geeignet. ► **Seite 138**

🔲 Madeira-Cocktail

Ein Cocktail aus regionalen Früchten wird einmal im Monat in de Markthalle von Funchal zubereitet. ► **Seite 140**

🔲 Sitzen und genießen

Für eine kleine Pause bestens geeignet: das Kioskcafé im Stadtpark von Funchal.
► **Seite 143**

🔲 Very british

Wer Scones mit allem Drum und Dran mag und eine Krawatte dabei hat, kann sich im berühmten Reid's einen Five o'Clock Tea gönnen. ► **Seite 154**

🔲 Besondere Schlittenfahrt

Wollen Sie mal ein besonderes Verkehrsmittel ausprobieren? Dann sollten Sie sich eine Korbschlittenfahrt nicht entgehen lassen. ► **Seite 163**

Eine Pause verdient
Zwischen Museen und anderen Sehenswürdigkeiten kommt ein Päuschen unter schattigen Bäumen gerade recht.

Eine Fahrt gefällig?
Korbschlittenfahren ist kein günstiges Vergnügen, aber ein einzigartiges!

Die Ziege kommt nicht mit auf die Levada-Wanderung...
▶ **Seite 100**

HINTERGRUND

PREISKATEGORIEN

Hotels
Luxus: ab 150 €
Komfortabel: 75 – 150 €
Günstig: bis 75 €
Zwei Personen im Doppelzimmer

Restaurants
Fein & teuer: ab 25 €
Erschwinglich: 15 – 25 €
Preiswert: bis 15 €
Ein Hauptgericht ohne Getränke

PRAKTISCHE INFORMATIONEN

Casas de Colmo heißen diese reizenden Strohhäuschen in Santana.
▶ **Seite 188**

TOUREN

REISEZIELE VON A BIS Z

nachdenken · klimabewusst reisen
atmosfair

Sonne und blaues Meer
– mehr braucht man eigentlich nicht für einen ausgiebigen Badetag.
▶ **Seite 63**

Hintergrund

KURZ UND KNAPP, VERSTÄNDLICH GESCHRIEBEN
UND SCHNELL NACHZUSCHLAGEN:
WISSENSWERTES ÜBER LAND UND
LEUTE, WIRTSCHAFT UND POLITIK,
BERÜHMTE PERSÖNLICHKEITEN,
KUNST, KULTUR UND ALLTAGSLEBEN.

GRÜNE PERLE IM OZEAN

... das ist nur eine der schmückenden Bezeichnungen für diesen einstigen Brückenkopf zwischen der Alten und der Neuen Welt. »Tochter des Vulkans«, »Braut des Windes« oder auch »Insel des ewigen Frühlings« nennt man die Blumeninsel im Atlantik, die vom portugiesischen Mutterland fast doppelt so weit entfernt ist wie vom nächstgelegenen, dem afrikanischen Festland.

Blumeninsel im Atlantik

»Oeffentliche Vergnügungen fehlen eigentlich ganz«, schrieb der deutsche Pathologe Paul Langerhans 1885 in sein »Handbuch für Madeira«. Doch über das milde Klima, die großartige Landschaft und die großzügige Gastfreundschaft fand er nur lobende Worte. Nun, daran hat sich bis heute nichts geändert, nur die Möglichkeiten, sich zu vergnügen, haben deutlich zugenommen.

Madeira gilt mit Durchschnittstemperaturen von etwa 20 °C selbst noch in der Zeit von November bis Februar als bevorzugtes Reiseziel während der mitteleuropäischen Wintermonate. Auch die zu jeder Jahreszeit überschwängliche Pflanzen- und Blumenpracht in einer fantastischen Naturlandschaft lockt Erholung Suchende. Uralte Laurazeenwälder und üppige Gärten, von wilder Brandung umtoste Küsten und tiefe Täler, schroffe Gebirge und saftig grüne Hochebenen bilden ein faszinierendes Ensemble. Einen interessanten Gegensatz dazu bildet die nordöstlich gelegene Nachbarinsel Porto Santo, die anstelle von Blütenpracht und Hochgebirge einen 9 km langen Sandstrand bietet. Die südöstlich vorgelagerten Ilhas Desertas stehen seit 1990 unter Naturschutz und dürfen nicht betreten werden.

Fruchtbar
Obst und Gemüse in Hülle und Fülle findet man in Funchals Markthalle.

Wanderparadies

Wenngleich die Wege und Pfade entlang der Levadas, der über Jahrhunderte angelegten Bewässerungskanäle, nicht als Wander-, sondern als Arbeitswege für die Levadeiros angelegt wurden, also für diejenigen, die die Levadas warten, sind sie doch wie geschaffen dafür, Madeiras ursprüngliche Landschaft und seine unterschiedlichen Regionen kennen zu lernen. Einigermaßen schwindelfrei und gut zu

Beeindruckender Landbau
*Auch noch auf dem kleinsten Fleckchen Erde
am steilen Berghang wird etwas angebaut.*

Köstlicher Geschmack
*Zu den berühmtesten Exportschlagern der Insel
gehört ihr ganz besonderer Wein.*

Romantischer Ausblick
*Madeira ist die Insel der fantastischen
Aussichtspunkte – hier an der Nordostküste.*

Hochwertige Handarbeit
Unglaublich viele Arbeitsstunden stecken in der feinen Madeira-Stickerei.

Geschützte Tierwelt
Die Ilhas Desertas sind ein Rückzugsgebiet für die letzten Mönchsrobben und dürfen daher nicht betreten werden.

Künstlerische Tradition
Manche Kirchenwände sind von oben bis unten mit den traditionellen Azulejos ausgekleidet.

Fuß sowie mit entsprechender Ausrüstung ausgestattet sollte man schon sein, denn zuweilen geht es ohne große Absicherung an steilen Berghängen entlang oder man muss auf der Levadamauer balancieren. Doch die Mühe wird belohnt mit oft spektakulären Ausblicken!

Zentrum Funchal

Kulturelles und touristisches Zentrum ist die Hauptstadt Funchal an der Südküste, Regierungs- und Bischofssitz, Universitäts- und Hafenstadt, Standort interessanter Museen und tropischer Gärten, Vergnügungs- und Shoppingzentrum – und trotzdem keine überlaufene Metropole. Auch wenn sich im Westteil der Stadt eine regelrechte Hotelzone entwickelt hat, neue Ansiedlungen die Hänge der Bucht von Funchal hinaufkriechen und der innerstädtische Verkehr enorm zugenommen hat. Das Wichtigste ist hier gut zu Fuß erreichbar –

wer sich erst mal einen Überblick verschaffen will, hat beispielsweise mit dem Gasballon im Hafen Gelegenheit dazu. Neue Straßen, mit Hilfe der EU in den vergangenen Jahren gebaut, erschließen heute von Funchal aus vergleichsweise mühelos einst so abgelegene Regionen wie die Nordküste oder die Westspitze der Insel. Denn auch hier gibt es viel zu entdecken: freundliche Fischerdörfchen mit kleinen Häfen, in üppigem Barock schwelgende Dorfkirchen, strohgedeckte Häuschen, Festungsanlagen zum Schutz vor Piraten, inmitten von prächtigen Parks gelegene Herrenhäuser, sog. Quintas, terrassenförmig angelegte Felder mit Weinreben für den berühmten Madeira,

Bananenplantagen und Lavahöhlen. Traditionelles Handwerk lebt fort in der kunstvollen Madeirastickerei und der Korbflechterei, aus Azulejos – Keramikfliesen – zusammengesetzte Bilder verzieren Fassaden und Pflastermosaiken aus hellen und dunklen Steinen beleben in Funchal wie in anderen Orten der Insel so manchen Platz.

Wenn es ein Gästebuch von Madeira gäbe, es läse sich wie ein Who is who der Adligen, Reichen und Schönen. Elisabeth I. von Österreich, besser bekannt als »Sisi«, entfloh dem kalten österreichischen Winter, Winston Churchill dilettierte mit Zeichenstift und Pinsel im Hafen von Câmara de Lobos und George Bernard Shaw ließ sich vor tropischer Kulisse in die Geheimnisse des Tangos einweihen. Finden auch Sie Ihr ganz persönliches Stückchen Paradies auf Madeira, der Insel des ewigen Frühlings!

Nobel
Einer der schönsten Landsitze ist die Quinta do Palheiro bei Funchal.

Fakten

Woher hat Madeira seinen Namen? Wer hat es denn nun wirklich entdeckt? Was wächst hier und was kreucht und fleucht? Was hat es mit den Azulejos auf sich, die man nicht nur an Wänden und Fassaden, sondern auch an Kirchturmdächern findet? Und was hatte Kolumbus mit Madeira zu tun?

Natur und Umwelt

Die Inselgruppe von Madeira (Arquipélago da Madeira) liegt im Atlantik rund 500 km westlich der marokkanischen Küste. Die Hauptinsel Madeira steigt aus 4000 bis 5000 m Meerestiefe bis zu 1862 m ü. d. M. (Pico Ruivo, »Rote Spitze«) aus dem Atlantischen Ozean auf. Zur Inselgruppe zählen auch die 43 km entfernte Insel Porto Santo, die ca. 20 km südöstlich gelegenen Ilhas Desertas – Ilhéu Chão, Deser-

? WUSSTEN SIE SCHON ...?

■ Mit 741 Quadratkilometern bedeckt das Madeira-Archipel etwa dieselbe Fläche wie die Stadt Hamburg.

ta Grande und Ilhéu do Bugio – und die fünf winzigen Ilhas Selvagens (zusammen ca. 4 km²), die viel weiter südlich am Nordrand der Kanaren liegen.

Wer zum ersten Mal nach Madeira kommt, ist beeindruckt: Braunschwarze Lavafelsen, dunkle Basalte und helle vulkanische Tuffe prägen die Inselwelt mit ihren fast senkrecht aus dem Meer steigenden und zerklüfteten Felswänden, scharfen Felsgraten, jäh abstürzenden Schluchten und schaurigen Felsklippen wie das etwa 580 m hohe Cabo Girão. Bemerkenswert sind die Ströme erkalteter Lava bei Porto Moniz oder die Lavatropfen in den Höhlen bei São Vicente. Besonders bizarr bietet sich die Nordostspitze Madeiras dar, die Ponta de São Lourenço: Wind und Salzwasser haben das vulkanische Tuffgestein ausgehöhlt und im Lauf der Jahrhunderte die charakteristischen »Tafonis«, allmählich zerbröckelnde Höhlen, gebildet. Die erstarrte Lava ist zu scharfkantigen, oft unzugänglichen Felsklippen zurechtgeschliffen, die allenfalls Möwen als Brutplätze dienen.

Aus Feuer geboren

Madeira, Porto Santo und die Ilhas Desertas gehören zusammen mit den Azoren, den Kapverden und den Kanaren zu den Makaronesischen Inseln bzw. den **Mittelatlantischen Vulkaninseln**. Inzwischen liegen sie weit entfernt vom nach wie vor vulkanisch aktiven Atlantischen Rücken am Rande der atlantischen Ozeankruste. Vor 160 bis 135 Mio. Jahren jedoch, als sich der Atlantische Ozean allmählich zu öffnen begann, verlief der vulkanische submarine Rücken genau dort, wo heute die Makaronesischen Inseln aus dem Meer ragen. Doch die Inseln, wie man sie heute sieht, erhoben sich erst sehr viel später über den Meeresspiegel, nämlich vor 40 bis 10 Mio. Jahren. Zunächst taten sich unter der Meeresoberfläche Risse und Spalten auf, aus denen basaltisches Magma drang und gewaltige Mengen basaltischer Laven, Breccien usw. aufgehäuft wurden. Vor 20 bis 10 Mio. Jahren erhoben sich diese **untermeerischen Vulkane** über den

Entstehung des Madeira-Archipels

← Mit Zuckerrohr machte auf Madeira einst so mancher gute Gewinne.

Madeira-Inselgruppe Orientierung

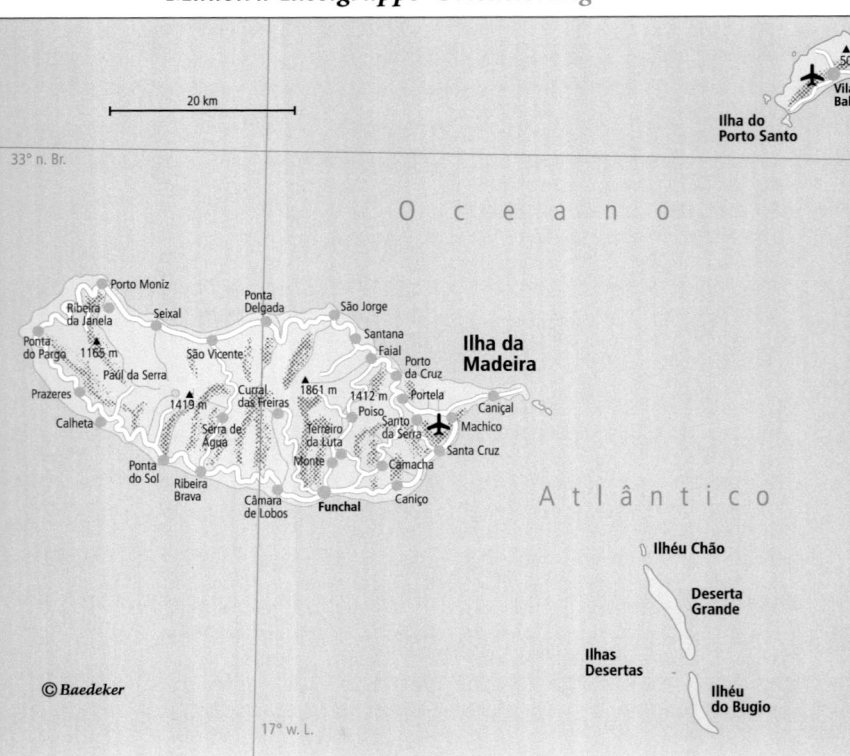

Meeresspiegel, bildeten Vulkaninseln mit Basaltsäulen, Aschekegeln und Lavaströmen. Dann setzte die Erosion ein, die jungen Vulkaninseln wurden von Salzwasser, Wind und Wetter zernagt. Vor etwa sieben Mio. Jahren, in einer neuerlichen Phase heftiger vulkanischer Aktivität, wurde Porto Santo über den Meeresspiegel hinausgehoben.

Aktuelle Situation Inzwischen hat sich die vulkanische Tätigkeit im Bereich des Madeira-Archipels zwar wieder beruhigt, ist aber längst nicht vorbei. Wissenschaftler des deutschen Forschungsschiffes »Meteor« haben 2001 etwa 50 km westlich von Madeira eine submarine vulkanische Rückenstruktur entdeckt und kartiert. Man vermutet, dass im Bereich des Madeira-Archipels ein sog. »**hot spot**« existiert, der im Lauf der Zeit immer wieder für vulkanische Aktivität sorgt. Der Meeresboden driftet hier über einen ortsfesten Magmaschlot (»hot spot«), der quasi wie ein Schweißbrenner die Erdkruste durchlöchert und auf dem

Meeresboden gewaltige Kegel mit vulkanischem Material auftürmt. Die im Bereich des Madeira-Archipels inzwischen festgehaltene Spur des Madeira-»hot spot« zeichnet die Bewegung der Afrikanischen Platte nach, die sich in nordöstlicher Richtung gegen Europa bewegt.

Landesnatur

Das Rückgrat der Hauptinsel Madeira ist ein Gebirge mit zackigen, schroffen Felskämmen, das sich in Ost-West-Richtung erstreckt. Im Westen der Insel breitet sich die Hochfläche Paúl da Serra aus, im Osten die kleinere von Santo António da Serra. Am Süd- und Nord-abhang der Zentralkette liegen von hohen Felswänden umschlossene Talkessel, deren Mündungen zum Meer hin tief eingeschnittene Erosionsschluchten bilden. Besonders an der Nordküste kann man den vielfachen Wechsel zwischen den Asche- und Lavaschichten deutlich erkennen. Die Küsten von Madeira sind felsig und steil; schmale Strandebenen gibt es nur an eini-

> **? WUSSTEN SIE SCHON ...?**
>
> ■ ..., dass das Wort »lombo«, welches auf Madeira in zahlreichen Ortsnamen steckt, so viel wie »Rücken« bedeutet? Die meisten dieser so benannten Siedlungen liegen tatsächlich auf einem Hügelkamm bzw. am oberen Rand einer Schlucht.

gen wenigen ins Meer mündenden ehemaligen Lavaströmen. Porto Santo dagegen besteht zum großen Teil aus sandigen Hochflächen mit Vulkankegeln bis zu 517 m Höhe. Die Ilhas Desertas bestehen aus vulkanischem Gestein, das bis auf 479 m Höhe ansteigt. Der Name bedeutet »verlassene Inseln«, was auf Wassermangel und Unfruchtbarkeit zurückzuführen ist. Versuche landwirtschaftlicher Nutzung wurden schnell wieder aufgegeben.

Klima

Die Insel des »ewigen Frühlings«

Madeira verdankt seine üppige Vegetation einem extrem ozeanischen und aufgrund der Lage in niederen Breiten zugleich warmen Klima. Im Winter bestimmen Tiefdruckgebiete aus nördlichen Breiten das Wetter, im Sommerhalbjahr dominiert der Nord-Ost-Passat und bewirkt starke **klimatische Unterschiede** zwischen der Luvseite im Norden und der Leeseite im Süden. Grund dafür ist die Wolkenbildung der vom Nordwind herangeführten feuchten Luftmassen, die sich v.a. in den Vormittagsstunden vor den Bergen stauen. In den Mittagsstunden erwärmen sich die Luftmassen, steigen auf und beeinflussen dann auch das Wetter auf der Südseite der Insel.

Niederschläge und Temperaturen

Auf der Nordseite, wo sich die Passatwinde an den Berghängen stauen, fallen vor allem in den Wintermonaten große Niederschlagsmengen. Auf der Südseite der Insel sind die Jahresdurchschnittsmengen viel geringer. Außer in den bemerkenswert trockenen Monaten Juli und August ist überall auf Madeira mit Regenschauern zu rechnen, im Inselinneren sogar mit länger anhaltenden Niederschlägen. Die geografische Lage der Insel auf dem 32. Breitengrad bestimmt

VULKANINSEL

Dass Madeira vulkanischen Ursprungs ist, sieht man an den Gesteins-formationen der kargen, felsigen Ostspitze Ponta de São Lourenço, den Lavagrotten in São Vicente oder den Lavafelsenbecken von Porto Moniz. Das durch vulkanische Aktivitäten und Auffaltungen entstandene Zentralgebirge mit den höchsten Gipfeln geht im Westen in die Hochebene Paúl da Serra über. Die meist steil ins Meer abfallende Nordküste und die weniger schroffen und landschaftlich besser nutzbaren Küstenstriche im Süden tragen zur Vielfalt dieser ebenso interessanten wie schönen Insel bei.

① Ponta do Pargo
Ein rot bemützter Leuchtturm markiert das Ende der Insel im Westen. Danach folgt nur noch das weite Meer.

② Porto Moniz
Lavafelsen, Zeugnisse intensiver vulkanischer Aktivität vor Hunderttausenden von Jahren, von ewig anbrandenden Wellen geformt und ge-schliffen, machen dieses Land so anziehend.

③ São Vicente
In den Lavagrotten, entstanden vor etwa 400 000 Jahren, sieht man erstarrte Lavatropfen an der Decke hängen. Das Zentrum für Vulkanismus erläutert die Entstehungsgeschichte.

④ Paúl da Serra
Nebel, Wind und Regen formten diese auf den ersten Blick öd erscheinende Hochebene, die einen faszinierenden Kontrapunkt zum nahen Hochgebirge bildet.

⑤ Pico do Ruivo
Der höchste Berg Madeiras (1862 m ü.d.M.) hat auch für erfahrene Alpinisten etwas zu bieten – die schroffe Bergwelt mit ihren himmelstürmen-den Felsen und tiefen Schluchten zieht alle Besucher in ihren Bann.

⑥ Ponta de São Lourenço
Die farbenprächtigen Gesteinsschichten am öst-lichen Ende Madeiras sind Lavaströme verschie-denen Alters.

⑦ Curral das Freiras
Früher meinte man, der Talkessel von Curral das Freiras sei ein Vulkankrater, heute geht man davon aus, dass er das Ergebnis kräftiger Erosionen ist.

⑧ Cabo Girão
Eine der höchsten Steilküsten der Welt findet sich auf der kleinen Insel Madeira. Wer hier hinab-blicken will, sollte schwindelfrei sein.

Baumheide und Lorbeer
Zwei der einheimischen Gewächse bei Ribeira de Janela

»Flor do Oceano« – »Blume des Ozeans« – nennen die Portugiesen ihre Insel im Atlantik. Die Vegetation auf Madeira ist heute bestimmt von einer **tropischen Fülle** prächtiger und nützlicher Pflanzen aus allen Teilen der Erde, dank der Milde des Klimas, der reichlichen Winterregen und der künstlichen Bewässerung durch die Levadas, die das Wasser der Berge den Feldern und Gärten der Küste zuführen. Neben Kiefern und europäischen Laubbäumen gedeihen zahllose immergrüne Bäume und Sträucher subtropischer und tropischer Herkunft wie Palmen, Araukarien, Hickory, Korkeichen, Kampfer- und Feigenbäume, Papaya, Palmenlilien, Yuccas, Mispeln, Mimosen, Eukalyptus, Bambus, Papyrusstauden, Baumfarne und Agaven. Die Straßenränder sind vielfach gesäumt von meist blau blühenden Hortensien, weißem und blauem Agapanthus und der ursprünglich aus Südafrika stammenden Belladonnalilie (Brunsvigia rosea). **Orchideen** werden in großer Vielfalt in Orchideengärten gezüchtet. Der Besuch solcher Aufzuchtstationen ist eher enttäuschend, weil die Blütezeit der einzelnen Arten stark variiert und sich die Pflanzen während der Ruhezeit meist unscheinbar präsentieren. Als dauerhaftes und pflegeleichtes Reiseandenken allerdings sind Orchideen sehr beliebt.

In den meist von hohen Mauern umgebenen Gärten Funchals entzückt im Winter und besonders im Frühjahr eine vielfältige Blumenpracht: Rosen, Kamelien, Rhododendren, Azaleen, Pelargonien, Begonien, Bignonien, Daturas, Bougainvilleen, Glyzinien und viele andere. Der ursprünglich aus Mexiko stammende Weihnachtsstern wächst auf Madeira in mächtigen Sträuchern. Die **Strelitzie**, 1778 aus Südafrika nach Madeira eingeführt, ist in nahezu jedem Garten zu finden und wird auf Feldern für den Export angebaut. Ihre auffallenden, einem Vogelkopf ähnelnden Blüten sind, sorgsam verpackt, ein beliebtes Reisemitbringsel.

> **?** **WUSSTEN SIE SCHON …?**
>
> ■ … wie die Strelitzie (strelitzia reginae) zu ihrem Namen kam? Sie erhielt ihn 1774 vom deutschen Gärtner Andreas Auge, der sie zu Ehren der englischen Königin Charlotte Sophie, einer geborenen von Mecklenburg-Strelitz, so benannte.

Die in Höhen über 800 m vorherrschenden **Eukalyptuswälder** sind durch Wiederaufforstung entstanden. Die beiden Arten Eucalyptus globulus und Eucalyptus ficifolia stammen ursprünglich vom australischen Kontinent und wurden erst im 20. Jh. nach Europa exportiert. Als schnell nachwachsendes Holz mit vielfältiger Verwendbarkeit ist der Eukalyptusbaum sehr geschätzt. Wanderer freuen sich am typischen Duft der Eukalyptuswälder, ein Eukalyptuszweig im Auto sorgt für angenehme Frische und aus seinen ätherischen Ölen werden leckere Bonbons hergestellt. Der Nachteil: Eukalyptus entzieht dem Boden große Mengen Wasser.

Zur Zeit der Entdeckung Madeiras war der **Gewürzfenchel** (Foeniculum dulce) auf der Insel stark verbreitet; ihm verdankt die Stadt Funchal ihren Namen: Die portugiesischen Seefahrer, die in der Bucht landeten, sollen von seinem Duft so betört gewesen sein, dass sie die Stadt danach benannten. Heute wird der Fenchel zum Würzen von Speisen, aber auch zur Herstellung von Bonbons verwendet.

Die wichtigsten **Nutzpflanzen** aber sind Weinreben, Kartoffeln und Bananen. Zunehmende Bedeutung hat die Aloe Vera (▶ S. 28).

Unter UNESCO-Schutz: Reste des Laurazeenwaldes

Vom ursprünglichen Laurazeenwald, der heute nur noch auf Madeira, den Kanarischen Inseln, den Azoren sowie den Kapverden zu finden ist, im Erdmittelalter aber auch im Mittelmeerraum verbreitet war, sind nur Reste erhalten. 1999 wurden sie von der UNESCO zum **Weltnaturerbe** erklärt und bilden den Kern eines Naturschutzgebietes. Hier finden sich noch beträchtliche Bestände von Madeira-Lorbeer (Laurus indica), Stinklorbeer oder Til (Oreodaphne foetens) und Lorbeerbaum oder Kanarischem Lorbeer (Laurus barbusano). In Höhen über 1000 m sind Baumwacholder (Juniperus cedrus), Wilder Ölbaum (Olea maderensis), über 1500 m Besenheide (Erica scoparia) und Schildfarn (Polystichum falcinellum) erhalten. Der **Drachenbaum** (Dracaena draco), das wohl markanteste aller einheimischen Gewächse, ist wegen seines vielfältig verwendbaren Holzes weit gehend verschwunden. Inzwischen wird er allerdings zunehmend als Ziergewächs in Parkanlagen und Gärten angepflanzt.

? WUSSTEN SIE SCHON …?

■ Vier Lorbeerarten findet man auf Madeira: Der Til oder Stinklorbeer (Oreodaphne foetens) wird mit bis zu 40 m am höchsten, das Holz des Kanarischen Lorbeer oder Barbusano (Laurus barbusano) dient als Lorbeerspieß zum Grillen, der Azoren-Lorbeer (Laurus azorica) wird zum Würzen genommen und das rötliche Holz des Madeira-Lorbeer (Laurus indica) zum Möbelbau verwendet.

Tierwelt

Von der vielfältigen **Vogelwelt** waren wohl nur 14 oder 15 Vogelarten ursprünglich auf Madeira beheimatet. Heute leben etwa 200 Vogelarten hier oder lassen sich zur Brut auf Madeira nieder, darunter Greifvögel wie Bussarde und Falken, aber auch Kanarienvögel, Madeira-Ringeltauben und Sturmvögel. Im Lorbeerwald gibt es Amseln, Buchfinken, Mäusebussarde, die seltenen Silberhalstauben und Madeira-Goldhähnchen – wegen seines typischen Rufs wird der Vogel aus der Familie der Zaunkönige auch »Bisbis« genannt. Namentlich diese nur noch sehr kleinen Vogelpopulationen im Laurazeenwald sind vom Aussterben bedroht.

Der größte Anteil einheimischer Tierarten findet sich unter den **Insekten**. Viele haben durch Anpassung inzwischen ihre Flugfähigkeit verloren. Endemisch ist die giftige Wolfsspinne (Geolycosa ingens) auf der Insel Deserta Grande, die als Naturschutzgebiet nicht zugänglich ist. Einzige **Reptilienart** ist die Madeira-Mauereidechse, die sich

»Stolz von Madeira« heißt diese wunderschöne Blume, ➔
die man oft auf der Insel antrifft.

Sie kommen aus den Tiefen des Meeres, die Schwarzen Degenfische.

in Gärten und Plantagen gerne von den reifen Früchten ernährt und von den Bauern bekämpft wird. Schlangen gibt es auf dem Archipel nicht. Die einzigen einheimischen Säugetiere sind Fledermäuse.

Eingeführte Nutz- und Wildtiere Rind, Pferd, Esel, Ziege, Schwein, Schaf, Igel oder Kaninchen sind erst durch den Menschen auf die Insel gelangt, ebenso Ratten und Mäuse. Ebenfalls eingeführt sind die Regenbogenforellen, die in Aufzuchtstationen (z. B. in Ribeiro Frio) gezüchtet und später zum Angelvergnügen in Wildbächen ausgesetzt werden.

Fische Fische sind in den Gewässern um Madeira wegen deren großen Tiefe eher selten. Meeresgetier, das in anderen Teilen der Welt im Brackwasser oder in geringer Meerestiefe lebt, wie Muscheln oder Krebse, findet hier keinen Lebensraum. In den Gewässern um Madeira gibt es u. a. Thunfisch, Seeteufel, Rotbarsch und Tintenfisch. Der wichtigste Speisefisch Madeiras ist der **Schwarze Degenfisch** (»espada preta«), ein nur um Madeira und bei Japan vorkommender aalähnlicher, schuppenloser Tiefseefisch, der bis zu 2 m lang wird. Er lebt in über 1000 Metern Tiefe und steigt nur nachts auf etwa 800 m auf, wo er mit langen Angelleinen gefischt wird. Dabei stirbt er einen grausamen Tod für die Gastronomie: Aufgrund des nachlassenden Wasserdrucks auf dem Weg zur Wasseroberfläche platzen Schwimmblase, Kiemen und Augen und die schuppenlose schleimige Haut wird schwarz. Während er in seinem natürlichen Lebensraum farbig schillert, bleiben nur die schwarzen Farbstoffe erhalten, wenn er nach oben gezogen wird.

Die **Mönchsrobben** (monachus monachus, ▶ Baedeker Special, S. 124), eine früher auch um die Kanarischen Inseln, an der Nordwestküste Afrikas und im Mittelmeerraum verbreitete Robbenart, die einst die Bucht von Câmara de Lobos in übergroßer Zahl bevölkerten, sind heute fast ausgerottet. Um ihr Überleben zu sichern, aber auch zum Schutz der Meeresflora und -fauna wurden im Bereich des Madeira-Archipels **Naturschutzgebiete** eingerichtet, darunter auch die Ilhas Desertas und die Ilhas Selvagens. Direkt vor Madeira wurde die Ponta do Garajau im Osten der Bucht von Funchal 1986 teilweise unter Schutz gestellt und der Fischfang stark eingeschränkt. Der Besuch des herrlichen Unterwasserschutzgebiets ist mit Tauchgerät möglich. Zu beobachten ist u. a. der Zackenbarsch und mitunter kommen auch die Mantas in dieses Gebiet. Der Küstenstreifen bei Rocha do Navio steht auf Betreiben der Bevölkerung als potentieller Lebensraum von Mönchsrobben unter Schutz.

Inzwischen sind zur Bewahrung der einheimischen Fauna und Flora rund zwei Drittel Madeiras als Naturreservate eingestuft worden.

Politik, Bevölkerung, Wirtschaft

Politische Gliederung

Die Insel Madeira ist in elf **Kreise** (concelhos) aufgeteilt, diese wiederum in 53 **Gemeinden** (freguesias). Funchal, die einzige größere Stadt auf Madeira, ist Sitz der politischen Führung, der gesetzgebenden Organe und der Verwaltung. Die **Regierungsorgane** Madeiras bestehen aus dem Regionalpräsidenten und der Regionalregierung, die politischen Entscheidungen trifft die 55 Mitglieder zählende Regionalversammlung. Eine gewisse Selbstständigkeit besitzt die Nachbarinsel Porto Santo, die einen zwölften Kreis bildet.

Verhältnis zu Portugal

Madeira gehört zu Portugal. Seit der sog. Nelkenrevolution 1974 besitzt der Archipel ein **hohes Maß an politischer Autonomie**, die in der portugiesischen Verfassung und dem Statut der Autonomen Region festgeschrieben ist. Die Hoheitsgewalt Portugals wird verkörpert durch einen Minister der Republik, der mit den Institutionen der Region zusammenarbeitet. Madeira ist zudem Sitz des Europäischen Rates für Umweltrecht.

Politische Parteien

Seit 1976 stellt die Sozialdemokratische Partei (PSD) ohne Unterbrechung die Mitglieder der Regierung. Entgegen der Bezeichnung »sozialdemokratisch« ist die PSD von ihrer politischen Ausrichtung her eher mit der deutschen CDU als mit der SPD vergleichbar. Die PSD stellt auch die meisten Bürgermeister.

Einwohner

Die klimatisch begünstigte Südküste Madeiras ist ungleich dichter besiedelt als die anderen Teile der Insel. Allein in Funchal, der einzi-

Zahlen und Fakten Madeira

Lissabon •

Madeira

© *Baedeker*

Ausdehnung
- West – Ost: ca. 57 km
- Nord – Süd: ca. 22 km
- Höchste Erhebung: Pico Ruivo mit 1862 m ü. d. M.

Einwohnerzahl
- ca. 244 000, davon ca. 4500 auf Porto Santo

Sprache
- Portugiesisch

Religion
- 94 % Katholiken

Verwaltung
- Autonome Region Madeira
- Funchal ist Sitz der Regionalversammlung, des Regionalpräsidenten und der Verwaltung.

Inselgruppe
- Madeira-Archipel (port. Arquipélago da Madeira)
- Hauptinseln: Madeira, Porto Santo, Ilhas Desertas (Ilhéu Chão, Deserta Grande, Ilhéu do Bugio), Ilhas Selvagens

Lage
- zwischen 33° 07' und 30° 01' nördlicher Breite und zwischen 15° 51' und 17° 15' westlicher Länge

Entfernungen (von Funchal)
- nach Lissabon: ca. 1000 km
- zur marokkanischen Küste: ca. 500 km
- zu den Kanaren: ca. 450 km

Fläche
- 741 km² (Madeira)

Wirtschaft
- Wichtigste Einnahmequelle ist der Tourismus: Mehr als 800 000 Gäste kommen jährlich nach Madeira, die meisten aus England und Deutschland, auch nimmt der Kreuzfahrttourismus zu. In den Sommermonaten machen viele Festlandportugiesen hier Urlaub.
- Bedeutendste Exportprodukte: Wein und Bananen

Verkehr
- Flughafen: Santa Catarina oder Aeroporto da Madeira

gen größeren Stadt auf Madeira, lebt mit rund 130 000 Menschen gut **die Hälfte der Bevölkerung**, denn in Funchal als dem Hauptort des madeirensischen Tourismus sind die Verdienstmöglichkeiten weitaus besser als in den anderen Inselteilen.

Kennzeichnend für die madeirensische Bevölkerungsstruktur war einst die Großfamilie, doch die Zahl der kinderreichen Familien nimmt immer mehr ab. Der **Bevölkerungszuwachs stagniert** wie im übrigen Portugal.

Auch der wachsende Tourismus kann nicht darüber hinwegtäuschen, dass die beruflichen Chancen insbesondere für junge Menschen mit hoher Qualifikation kaum ausreichend sind. Diese Tatsache drückt sich in einer **hohen Abwanderungsrate** aus. Viele junge Menschen zieht es nach der Schulzeit auf das portugiesische Festland oder in andere europäische Länder. Als begehrte Auswanderungsziele in Übersee gelten die portugiesisch- bzw. spanischsprachigen Länder Brasilien und Venezuela, außerdem Südafrika, die USA und Kanada.

Auch auf Madeira wächst die Diskrepanz zwischen Alt ...

Die Universität in Funchal, 1988 gegründet, hat ihren Schwerpunkt in naturwissenschaftlichen Fächern wie beispielsweise der Meeresbiologie; aber auch in Sprachen, Kunst und Design oder Musik sind Abschlüsse möglich.

Universität

Die katholische Kirche verliert allmählich ihren einst großen Einfluss auf die Bevölkerung, insbesondere auf die in und um Funchal lebende Jugend. Außerhalb der Hauptstadt spielt die Kirche allerdings immer noch eine Rolle im Leben der Dorfgemeinschaft. Festliche religiöse Prozessionen gehören nach wie vor zu den Höhepunkten im Jahreslauf.

Wirtschaft

Eine wichtige Rolle beim Ausbau der Wirtschaft auf Madeira spielt die **Europäische Union**, die erhebliche finanzielle Mittel in die Inselwirtschaft pumpt. Mit großem

... und Jung.

Aufwand wurde und wird insbesondere das Verkehrsnetz auf der Insel erweitert und modernisiert. Auch in der Landwirtschaft werden EU-Förderungen wirksam.

Landwirtschaft Die Viehzucht ist insgesamt stark zurückgegangen. Von Bedeutung ist inzwischen wieder etwas mehr die Schweinehaltung – allerdings nur im Zusammenhang mit der gestiegenen Anzahl von Touristen, die verköstigt werden müssen. Die Vielfalt der Pflanzenwelt Madeiras zeigt sich nicht zuletzt bei einem Marktbesuch. Da das ganze Jahr über angebaut werden kann und mehrere Ernten pro Jahr erzielt werden, kann sich die Insel mit **Obst und Gemüse** vollständig selbst versorgen und Teile der landwirtschaftlichen Erträge obendrein exportieren. Importiert werden Obst und Gemüse nur zur Erweiterung des ohnehin schon vielfältigen Angebots.

? WUSSTEN SIE SCHON …?

■ … dass auf Madeira inzwischen die traditionelle Heilpflanze Aloe Vera in großem Stil kultiviert wird? Pulverisiert oder als Konzentrat geht sie dann in den Export als Basis für Kosmetika und Wellnessprodukte.

Unter den auf Madeira angebauten landwirtschaftlichen Produkten hat der **Madeirawein** die längste Tradition. Die Rebe findet auf der Insel vulkanischen Ursprungs kalkarme Böden, hinreichend Feuchtigkeit und viel Sonne. Das Geheimnis des berühmten Süßweins liegt in seiner Veredelung nach der Solera-Methode, der Zugabe von Brandy und einer langen Reifezeit (►Baedeker Special, S. 70). Wie im nördlichen Portugal werden auch auf Madeira die Reben auf Kopfhöhe gezogen, weshalb man die darunter liegende Fläche für andere landwirtschaftliche Produkte wie z. B. Süßkartoffeln oder Gemüse nutzen kann.

Das zweitwichtigste landwirtschaftliche Produkt nach dem Wein ist die **Kartoffel**. Entlang der Südküste werden **Bananen** angebaut und während des ganzen Jahres geerntet. Die kleineren und unscheinbareren Sorten sind im Allgemeinen süßer und aromatischer als die größeren. Eine Spezialität der madeirensischen Küche ist Fisch mit gegrillter Banane.

Problem Topografie Seit jeher leidet die landwirtschaftliche Entwicklung Madeiras unter der Tatsache, dass nur etwa ein Drittel der Inselfläche kultivierbar ist. Die kleinen Äcker auf den zahllosen **Terrassen** werden noch heute überwiegend von Hand bearbeitet; der Einsatz von Maschinen ist kaum möglich. Immer weniger Menschen sind bereit, diese schwere Arbeit für eine vergleichsweise bescheidene Bezahlung zu leisten. Daher geht – wie überall in Europa – die wirtschaftliche Bedeutung der Landwirtschaft immer mehr zurück.

Fischerei Die Fischerei ist für Madeira nicht sonderlich bedeutend. Auch hier ist die Topografie entscheidend: Der Meeresboden vor Madeira fällt sehr schnell ab und die tieferen Gewässer sind nicht besonders fisch-

Die süßen Früchte sind auch außerhalb von Madeira begehrt.

reich. Gefangen werden in erster Linie Thunfisch, Makrele und der Schwarze Degenfisch, aber auch Seeteufel oder Rotbarsch. Bis 1981 lebte insbesondere das Dorf Caniçal vom Walfang, dann stellte man den wirtschaftlich einst bedeutenden Walfang auf internationale Proteste hin in ganz Portugal ein.

Industrie spielt auf Madeira praktisch keine Rolle, nicht zuletzt deshalb, weil die topografischen Gegebenheiten die Ansiedlung größerer Produktionsstätten nicht gestatten. Rund um die Hauptstadt Funchal gibt es einige kleinere Betriebe, die jedoch fast ausschließlich Produkte zur Verwendung auf der Insel selbst herstellen. Eine kleine Industriezone gibt es auch bei Caniçal im Osten Madeiras. **Industrie und Handwerk**

Eine lange Tradition hat die **Stickerei**: Tischdecken in zahllosen Variationen, kunstvoll verzierte Servietten und Taschentücher oder ganze Gobelins werden von der Insel in alle Welt exportiert. Für viele Familien auf Madeira ist die Stickerei ein unverzichtbarer Beitrag zum Haushaltseinkommen; mehr als 30 000 Frauen sind heute – vor allem in Heimarbeit – als Stickerinnen beschäftigt.

Camacha gilt als Zentrum der **Korbflechterei**. Dieses Handwerk ist auf Madeira etwa so alt wie die Stickerei. Der Einsatz von Maschinen bei der Flechtarbeit ist nicht möglich, jedes Stück ist mithin ein Unikat.

Tourismus

Die jährlich weit mehr als 800 000 Urlaubsgäste auf der Insel sorgen für knapp 7000 Arbeitsplätze in Hotels, weitere 15 000 Arbeitsplätze stehen im direkten Zusammenhang mit dem Tourismus. Allein der Hotelsektor steuert etwa 10 % zum Bruttosozialprodukt dieser Region bei, allerdings im Wesentlichen konzentriert auf Funchal und Umgebung. Seit jeher kommen die meisten Gäste aus Großbritannien, Deutschland und vom portugiesischen Festland. **Wichtigster Wirtschaftszweig**

Geschichte Madeira avancierte etwa um die Mitte des 19. Jh.s zum geschätzten Urlaubsziel. Das milde Klima zog Lungen- und Gichtkranke an, die sich hier Heilung von ihren Leiden versprachen. Zu ihnen gesellten sich viele Mitglieder der Fürsten- und Königshöfe sowie des Geldadels. Schließlich galt Madeira als ausgesprochen **nobles Urlaubsdomizil** während der nasskalten mitteleuropäischen Wintermonate. Die ersten Hotels auf Madeira, darunter das traditionsreiche »Reid's Hotel« (▶ Baedeker Special, S. 152), entstanden Ende des 19. Jahrhunderts. Hinderlich war die langwierige und kostspielige Anreise per Schiff, daher war die Einweihung des Flughafens 1964 die beste Voraussetzung für eine kontinuierliche Entwicklung des Madeiratourismus. Seitdem wurde die Zahl der Hotelbetten vervielfacht; z. Z. stehen auf Madeira etwa 25 000 Betten in über 150 Hotels und vielen kleinen Landherbergen, auf Porto Santo rund 1500 Betten zur Verfügung. Bekannt ist Madeira für seine zahlreichen Hotels der gehobenen Kategorie – ein Großteil sind 4-Sterne-Hotels.

Tendenzen für das 21. Jh. ▶ Die Regionalregierung beabsichtigt, den Individualtourismus stärker zu fördern als den Massentourismus. Außerdem bemüht man sich, die Insel auch für jüngere Urlauber interessant zu machen und dementsprechend das Image zu verbessern. Hinzu kommt der Ausbau der Kongress- und Tagungskapazitäten, u. a. durch das Messe- und Kongresszentrum in Funchal; wie man den Beschreibungen der großen Hotels entnehmen kann, sind viele perfekt auf entsprechende Anforderungen eingerichtet. Außerdem rückt das körperliche Wohlergehen der Gäste im 21. Jh. erneut in den Mittelpunkt: Wellness-Angebote aller Art gibt es in vielen Hotelanlagen.

Verkehr

Wege- und Straßennetz Seit jeher ist die topografische Gestalt von Madeira das Haupthindernis der verkehrstechnischen Erschließung. Um die großen Höhenunterschiede zu überwinden, wurde ein einfaches, kopfsteingepflastertes Wegenetz angelegt, über Schluchten führen schmale steinerne Brücken. Schmale, kurvenreiche Straßen verbanden die Ortschaften miteinander. Vor allem dank finanzieller Unterstützung durch die EU sind in jüngster Zeit oft mehrspurige Straßen mit teils kilometerlangen Tunneln gebaut worden. Die Verbesserung der Verkehrsverbindungen wird auch im Ausbau des öffentlichen Nahverkehrs deutlich. Mit Bussen erreicht man heute einigermaßen bequem zwar nicht alle, aber doch viele Inselteile.

Einzigartige Verkehrsmittel Die für Madeira typischen Straßen- und Wegeverhältnisse brachten im 17. und 18. Jh. einige vielleicht einzigartige Verkehrs- bzw. Transportmittel mit sich: »Rede« nannte man die an zwei Stangen befestigte Hängematte, in der sich nicht nur die besser gestellten Madeirenser, sondern auch Urlauber transportieren ließen – manche sogar auf den Pico Ruivo, Madeiras höchsten Berg. Der »**Palanquim**«, eine Art Sänfte, diente zum Transport von Personen und Waren aller

Art und bestand aus einem Brett, das von einem hölzernen oder eisernen Geländer umgeben war. Getragen wurde der Palanquim von zwei Männern, die kräftig, trittsicher und schwindelfrei sein mussten. Schließlich gab es noch den »**carro de bois**«, den von zwei Ochsen gezogenen Kufenschlitten, der um 1848 von dem englischen Major Buckley erfunden wurde und ungleich mehr Komfort bot. Die Angehörigen der feineren Gesellschaft ließen sich ihre »carros de bois« mit Tüchern zum Schutz gegen die Witterung verhüllen. Relikte aus einer längst vergangenen Zeit sind auch die **Korbschlitten**, einst ein durchaus gebräuchliches Verkehrsmittel von Monte hinunter nach Funchal. Heute werden sie nur noch von Touristen benutzt – und sind im Grunde genommen nichts anderes als ein gelungenes Touristenspektakel, mit dem das alte Verkehrsmittel auf einem kürzeren Streckenabschnitt demonstriert wird (►Abb. S. 5 und ►Reiseziele von A bis Z, Monte).

Abenteuer Straße ...

Madeiras internationaler Airport liegt ca. 18 km östlich von Funchal. 1921 waren die ersten Flugzeuge auf Madeira gelandet – damals noch Wasserflugzeuge, die in der Bucht von Funchal wasserten. Später nutzte man den 1960 gebauten kleinen Nato-Flughafen auf Porto Santo. Von dort mussten die Reisenden noch mit dem Schiff nach Madeira übersetzen. Überlegungen, auf dem Paúl da Serra, Madeiras einziger Hochebene, einen Flughafen anzulegen, wurden wegen des häufigen Nebels dort oben wieder verworfen.

1964 wurde der heutige Flughafen eröffnet. Wegen der Lage der Start- und Landebahn an einem steilen Berghang entlang und der schwer berechenbaren Fallwinde gilt er als einer der schwierigsten Flughäfen Europas. Lange Zeit wurde er wegen seiner nur 1800 m langen Start- und Landebahn schlichtweg als »Flugzeugträger« bezeichnet. Für den zunehmenden Flugverkehr baute man die Landebahn aus: Seit Mitte 2000 können auch größere Maschinen hier landen. Ein Teil der Bahn ist quasi ins Meer hinein verlängert und auf Stelzen über das Wasser gebaut worden. Die Erweiterung auf 3000 m, verbunden mit einer leichten Richtungsänderung, entschärft die Start- und Landebedingungen. Auf Porto Santo wird nach wie vor der Nato-Flughafen benutzt, allerdings nur mit Propellermaschinen.

Geschichte

Wenngleich nicht ganz geklärt ist, wer denn nun wirklich Madeira entdeckt hat, beginnt die offizielle Geschichtsschreibung der Insel mit dem Jahr 1418, als Gonçalves Zarco und Vaz Teixeira von der Insel Porto Santo forschende Blicke hinüberwarfen – erst ein Jahr später betraten sie die Insel.

Eroberung und Besiedlung

1351	Madeira erscheint zum ersten Mal auf einer Seekarte.
1419	Die ersten Portugiesen landen auf Madeira.
Ab 1440	Malvasier-Reben und Zuckerrohr

»Holzinsel«

Wer für sich die Entdeckung Madeiras in Anspruch nehmen kann, ist bis heute nicht geklärt (►Baedeker Special, S. 34). Erstmals offiziell verzeichnet ist Madeira auf einer florentinischen Seekarte von 1351. Doch erst rund 70 Jahre später begann die Besiedlung. Zu dieser Zeit nämlich organisierte der jüngere Sohn von König João I., der Infant **Heinrich der Seefahrer** (1394 – 1460), Entdeckungsreisen, u. a. um einen Seeweg nach Indien zu finden und den Gewürzhandel auszubauen. Im Rahmen einer solchen Expedition landeten die portugiesischen Kapitäne João Gonçalves Zarco und Tristão Vaz Teixeira 1418 auf der Nachbarinsel, die sie Porto Santo nannten und zum Eigentum der portugiesischen Krone erklärten. Bei ihrer Rückkehr berichteten sie ihrem Auftraggeber von einer viel größeren Insel in der Nähe. 1419 sandte Heinrich die beiden erneut aus, diesmal in Begleitung des Adligen Bartolomeu Perestrelo, der auf Porto Santo einen Stützpunkt einrichtete, während Zarco und Teixeira das nahe gelegene unbewohnte Eiland für Portugal in Besitz nahmen und ihm wegen seines Waldreichtums den Namen »Madeira« (Holz) gaben.

Brandrodung

Aufgrund ihrer geostrategisch günstigen Lage sollten Madeira und Porto Santo zur **Versorgungsstation für portugiesische Expeditionsschiffe** ausgebaut werden. Ab 1423 ließen sich die ersten Bewohner in den Buchten von Machico und Câmara de Lobos nieder und versuchten mittels Brandrodung das schwer zugängliche Madeira urbar zu machen. Dabei geriet das Feuer oft außer Kontrolle; einmal, so die Überlieferung, mussten die Siedler sogar auf ihre Schiffe flüchten und dort zwei Tage lang auf das Ende der Flammen warten. Nach rund sieben Jahren war der einstige Urwald nahezu vernichtet.

Landwirtschaftliche Basis

1440 hatte Heinrich der Seefahrer die ersten Malvasier-Reben aus Kreta nach Madeira bringen lassen – der **Weinbau** nahm einen raschen Aufschwung. Auch **Zuckerrohr** gedieh aufs Beste und bald schon wurde die Holzinsel in der gesamten abendländischen Welt für die ausgezeichnete Qualität ihres Zuckers bekannt. Die mühsame Arbeit auf den Zuckerrohrplantagen und in den Zuckermühlen sowie auch beim Bau der Terrassen und Bewässerungsgräben (Levadas; ►Baedeker Special, S. 164) mussten Sklaven leisten, zunächst die – nicht ganz korrekt als Guanchen bezeichneten – Ureinwohner der Kanaren, später deportierte Bewohner der Westküste Afrikas.

←*Korbschlittenfahrten haben Tradition auf der Insel.*

Entdecker eignen sich immer gut für ein Denkmal mit in die Ferne schweifendem Blick. Das gilt auch für das Zarco-Standbild in Funchal.

DIE FRAGLICHE ENTDECKUNG

Für die Eroberung von Madeira gibt es ein historisches Datum – 1419 –, doch wann war der Archipel entdeckt worden? Eine Seekarte von 1351 zeigt bereits die Insel im Atlantik. Viel geheimnisvoller aber ist die Legende von der Entdeckung Madeiras durch ein englisches Liebespaar.

1418 erblickten die beiden portugiesischen Kapitäne **João Gonçalves Zarco** und **Tristão Vaz Teixeira**, unterwegs im Auftrag von Heinrich dem Seefahrer, zum ersten Mal Madeira, nachdem sie – vom Sturm abgetrieben, wie es heißt – auf der unbewohnten Insel Porto Santo gelandet waren. Erst die zweite Expedition führte nach Madeira. Zunächst fehlte den beiden Seehelden allerdings der Mut, das weitaus größere Eiland zu betreten. Vor allem die bisweilen dramatische Wolkenbildung ließ Zarco vermuten, es handle sich bei diesem Flecken Erde möglicherweise um den »Höllenschlund«. Schließlich wagten sie aber doch die Überfahrt.

Seekarte von 1351

Bereits 1351 war der madeirensische Archipel auf einer florentinischen Seekarte verzeichnet. Dort wird Madeira »I. do lolegname« genannt, vielleicht eine Abwandlung des arabischen »el aghnam«, was soviel wie »Holzinsel« bedeutet. Auch Porto Santo (»Porto Séo«) und die Ilhas Desertas (»I. deserte«) sind erwähnt. Ob italienische Seefahrer, die regelmäßig die Kanaren ansteuerten, arabische Seeleute oder gar schon Phönizier, Karthager oder Römer über den Archipel informiert waren, bleibt gleichwohl Spekulation.

Die Legende von Robert Machyn und Anne Dorset

Offene historische Fragen regen stets zur Mythenbildung an. Die bekannteste und vielleicht schönste Legende handelt vom englischen Ritter **Robert Machyn** bzw. Machin, der 1346 – also fünf Jahre vor der Erwähnung Madeiras auf der oben genannten Seekarte – wegen eines unbekannten Vergehens

aus seiner Heimat verbannt wurde. Er machte sich in Begleitung seiner angeblich nicht standesgemäßen Geliebten **Anne Dorset** auf den Weg nach Portugal. Während eines Sturms kam ihr Schiff erheblich vom Kurs ab. Die Reisenden landeten auf Madeira, und zwar in der Bucht, wo heute **Machico** liegt, das – so die Legende – eine Verballhornung des englischen Namens Machyn sei. Mit einem Diener erkundete Machyn die Insel. Als beide nach drei Tagen zurückkehrten, waren Schiff und Besatzung verschwunden. Nur Anne war zurückgeblieben, starb aber nach wenigen Tagen. Robert begrub sie unter einem Holzkreuz und errichtete ihr eine Kapelle. Dann baute er zusammen mit seinem Diener ein Boot, stach in See und landete an der afrikanischen Küste, an derselben Stelle, wo auch seine abtrünnigen Gefährten gestrandet waren, die, von Mauren gefangen genommen, im Kerker schmachteten. Auch Robert wurde dort eingekerkert und stürzte sich wutentbrannt auf die Verräter. Diese Geschichte hörte der König von Fez und erfuhr damit von der Existenz Madeiras. Doch der maurische Herrscher interessierte sich nicht für das unbewohnte Eiland, genauso wenig wie der kastilische Monarch, zu dem Robert geschickt wurde.

Variationen des Themas

Dieser Mythos von der Entdeckung Madeiras wurde vielfach abgewandelt. In anderen Versionen beispielsweise ist Anne Dorset eine edle Dame und Robert ein einfacher Ritter. In einer zu Herzen gehenden Variation wird berichtet, Schiffskapitän Zarco habe von der tragischen Geschichte des Liebespaares gewusst und demzufolge das Holzkreuz gefunden, unter dem Anne und Robert – hier starb auch Robert auf dem Eiland – begraben waren. In dieses Kreuz hätten, so die Geschichte weiter, die Gefährten vor ihrer Abreise die Geschichte der beiden eingeritzt, verbunden mit einer Bitte: Falls sich je Christen auf die Insel verirrten, dann sollten sie hier eine Kapelle errichten. Zarco kam diesem frommen Wunsch nach und ließ ein kleines Gotteshaus bauen, das allerdings 1803 bei einer Überschwemmung völlig zerstört wurde.

Sonderstatus im Kolonialreich

1497	Funchal wird Inselhauptstadt und Madeira bekommt einen Sonderstatus.
16. Jh.	Der Reichtum lockt Piraten an.
1580 - 1640	Madeira gehört zu Spanien.

Zuckerhüte im Wappen

1497 gliederte König Manuel I. den Archipel in sein Königreich ein und erklärte Funchal zur Hauptstadt von Madeira. 1508 erhielt der Ort die Stadtrechte; damit verbunden war das Recht, ein eigenes Wappen zu führen: Es zeigt fünf Zuckerhüte, ein Hinweis auf die Bedeutung Madeiras als Zuckerlieferant. 1514 wurde im mittlerweile 5000 Einwohner zählenden Funchal die Kathedrale eingeweiht und ein Bischof eingesetzt. Zur Diözese von Funchal gehörten alle portugiesisch besetzten Gebiete Afrikas und Asiens bis nach Japan.

Die Madeirenser werden Portugiesen

Der Zuckerboom auf Madeira endete schon zu Beginn des 16. Jh.s, denn die Böden waren rasch ausgelaugt und zudem bekam der größte Zuckerlieferant Europas mächtige Konkurrenz aus der portugiesischen Kolonie Brasilien. Doch Madeira profitierte von seinem Sonderstatus im portugiesischen Kolonialreich: Seit 1497 galten die Bewohner der Insel nicht mehr als Angehörige einer Kolonie, sondern als Portugiesen: So konnten sie **Landwirtschaft zur Selbstversorgung** betreiben, im Unterschied zu den Kolonien, die lediglich gewinnträchtige Monokulturen anbauen durften und bei der Eigenversorgung auf Produkte aus dem Mutterland angewiesen waren. Als Staatsbürger genossen die Bewohner von Madeira ein weiteres Privileg: Produkte aus Übersee durften nur über portugiesische Häfen verschifft werden. Statt Zucker selbst herzustellen, machten die Madeirenser Profit mit der Zwischenlagerung und dem Verkauf von brasilianischem Zucker. Viele Großgrundbesitzer bauten statt Zuckerrohr nun Weinreben an. Madeira

? WUSSTEN SIE SCHON …?

■ … dass auch Christoph Kolumbus sich einst im Zuckerhandel betätigte? Zwischen 1479 und 1482, so die nicht ganz gesicherte Überlieferung, lebte er auf Porto Santo, übrigens verheiratet mit Filipa Perestrelo, der Tochter des ersten portugiesischen Gouverneurs.

lieferte seinen begehrten Wein (▶Baedeker Special, S. 70) nach Portugal und in die überseeischen Kolonien, später auch direkt nach England und in dessen Kolonien. 1643 erließ Portugals König João IV. ein für Madeira äußerst lukratives Dekret, wonach jedes Schiff auf dem Weg nach Brasilien in Funchal einen Zwischenstopp einlegen und hier Lebensmittel einladen musste. Auch Schiffe anderer Seefahrerstaaten machten auf ihrer Fahrt über den Atlantik auf Madeira Halt, versorgten sich mit Lebensmitteln – und füllten die Kassen der Insulaner.

Reichtum lockt an und so wurden immer wieder Handelsschiffe von **Piraten**
Piraten überfallen. Die Seeräuber versuchten auch auf der Insel zu
landen. Zum Schutz von Funchal ließ König Manuel I. 1513 die Festung São Lourenço errichten, hinzu kam ein gut funktionierendes
Frühwarnsystem: Da die Piraten fast immer von Norden oder Osten
kamen, konnte man sie von Porto
Santo aus eher wahrnehmen als
von der Hauptinsel. Vorsorglich
aufgeschichtete mächtige Holzstöße wurden entzündet und warnten
die Bewohner beider Inseln. Doch
einen ausreichenden Schutz vor
den Piraten gab es nicht. 1566 gelang es französischen Freibeutern,
Funchal zu überfallen. Bevor Hilfe
vom portugiesischen Festland eintraf – 16 Tage dauerte die Schre-

> **? WUSSTEN SIE SCHON …?**
>
> ■ Eines der süßesten Geschenke, die jemals
> einem Papst verehrt wurden, kam aus
> Madeira: Zum Dank dafür, dass sein Sohn
> zum ersten Bischof Madeiras ernannt wurde,
> schickte der Inselgouverneur Papst Leo X. eine
> aus Zucker gefertigte Nachbildung des Petersdoms von Rom.

ckensherrschaft der Piraten –, wurden alle Kirchen und die Vorräte
der großen Handelshäuser geplündert. Als Portugal für sechzig Jahre
(1580 – 1640) seine Unabhängigkeit an Spanien verlor, wurde auch
Madeira spanisch. Damit gerieten Insel wie Mutterland in den Konflikt zwischen Spanien und England und wurden nun von englischen
Piraten geplündert und gebrandschatzt. 1620 griff der englische Seeräuber John Ward Funchal an, nahm 1200 Männer, Frauen und Kinder gefangen und verkaufte sie in Tunesien als Sklaven.

Englische Präsenz

Ab 1660	Englische Weinhändler lassen sich nieder.
1807 – 1814	England besetzt Madeira.
1852 / 1872	Mehltau und Reblaus vernichten die Rebstöcke.
1891	Reid's Hotel wird eröffnet.

1660 heiratete Katharina von Bragança, eine Tochter von João IV., **Engländer**
den englischen König Charles II. Im Heiratsvertrag sicherte sich **auf Madeira**
London besondere Rechte an Madeira – und hätte beinahe die Insel
als Mitgift erhalten. Kurz darauf ließen sich die ersten englischen
Kaufleute auf Madeira nieder. Sie profitierten von Privilegien, insbesondere im Handel mit Madeirawein, der rasch zum wichtigsten
Exportartikel der Insel avancierte. Nach Abschluss eines Handelsabkommens zwischen Lissabon und London (1703), das langfristig
zu einer **Abhängigkeit Portugals von England** führte, geriet die gesamte Weinproduktion auf Madeira unter Kontrolle der Engländer.

Handelsschiffe in der Bucht von Funchal im 19. Jahrhundert

Napoleonische Kriege

Während der Napoleonischen Kriege richteten englische Truppen 1801 auf der Insel einen Stützpunkt gegen Frankreich ein. Als Napoleon 1807 das portugiesische Mutterland annektieren ließ, erklärten die Engländer Madeira für ganz besetzt, zogen aber 1814 wieder ab. Etliche Besatzungsoffiziere und -soldaten verließen die Armee und betätigten sich fortan auf Madeira als Kaufleute.

Wirtschaftlicher Niedergang und neuer Aufschwung

Mehltau zerstörte 1852 einen Großteil der Weinreben; 1872 wurde aus Amerika die schädliche Reblaus eingeschleppt, der erneut zahlreiche Rebstöcke zum Opfer fielen. Es dauerte Jahre, bis an resistenten Reben wieder Trauben wuchsen. Englische Weinhändler verließen die Insel und viele verarmte Madeirenser wanderten aus.

Andere versuchten ihr Glück in der Korbmacherei, und die Einführung neuer Sticktechniken durch die Engländerin Elizabeth Phelps sorgte für einen kleinen, aber beständigen wirtschaftlichen Aufschwung. Eine weitere, zunächst aber noch bescheidene Einnahmequelle bildete der aufkommende Tourismus in der zweiten Hälfte des 19. Jahrhunderts. 1891 wurde das heute weltberühmte Reid's Hotel (►Baedeker Special, S. 152) eröffnet; zu den Gästen zählten gekrönte wie ungekrönte Häupter aus ganz Europa, darunter Kaiserin Elisabeth (»Sisi«) von Österreich, die das gleichmäßig angenehme und als heilsam angesehene Klima schätzten.

20. Jahrhundert

1914 – 1918	Portugal steht auf der Seite Englands.
1931	Der »Hungeraufstand« wird niedergeschlagen.
1933	Die Diktatur Salazars beginnt.
1964	Madeiras Flughafen wird eröffnet.
1974	Die »Nelkenrevolution« beendet die Diktatur.
1986	Portugal wird Mitglied der EG.
2000	Der Flughafen wird erweitert.
2010	Ein verheerendes Unwetter fordert 42 Menschenleben.

Erfolgreiche Bittprozession

Im Ersten Weltkrieg stand Portugal auf Seiten Englands. Nachdem die portugiesische Regierung auf Drängen Londons alle in portugiesischen Häfen ankernden deutschen Schiffe beschlagnahmt und an Großbritannien ausgeliefert hatte, tauchten deutsche U-Boote vor Funchal auf, versenkten das französische Kriegsschiff »Surprise« und beschossen die Stadt, wobei mehrere Gebäude zerstört wurden. Daraufhin flehte die Bevölkerung während einer Bittprozession um ein Ende des Bombardements und gelobte, nach dem Ende des Krieges eine Madonnenfigur aufzustellen – prompt hörte der feindliche Beschuss auf. Die Madonnenfigur wurde schließlich mit Spenden aus aller Welt finanziert – auch die österreichische Kaiserin Zita soll dazu beigetragen haben – und 1927 oberhalb von Monte aufgestellt.

Generalstreik

1931 brach auf Madeira ein Aufstand aus. Anlass war ein Dekret der Regierung in Lissabon, das nur Mühlenbesitzern das Recht zugestand, Mehl zu importieren, was eine immense **Erhöhung der Brotpreise** bewirkte. Aus Angst um ihre Existenz organisierten die Insulaner den einzigen Generalstreik Madeiras. Am 4. April 1931 entwickelte sich der »Hungeraufstand« zur bewaffneten Revolte. Doch am 28. April landeten Truppen aus dem Mutterland in Funchal, denen sich die Rebellen nach kurzem Widerstand ergeben mussten.

Diktatur

Ab 1932 herrschte im portugiesischen Mutterland **António de Oliveira Salazar** (1889 – 1970). Seine Diktatur stützte sich vor allem auf die gefürchtete **Geheimpolizei** PIDE. In der Verfassung von 1933 wurde die autoritäre, alle Opposition unterdrückende Staatsform festgelegt. Der Zweite Weltkrieg ging an Madeira fast spurlos vorüber. Portugal blieb neutral. Im Mai 1943 brach Lissabon die diplomatischen Beziehungen zu Deutschland ab und überließ den Briten und Amerikanern anschließend Militärstützpunkte auf den Azoren.

Der Tourismus legt zu

Einen regelmäßigen Flugdienst zwischen Südengland, Lissabon und Funchal hatte es mit Wasserflugzeugen ab 1947 gegeben. Ab 1960

konnten Besucher auf dem 1960 eröffneten Nato-Flughafen von Porto Santo landen und mussten dann nach Madeira übersetzen. 1964 wurde der Flughafen Santa Catarina östlich von Funchal eröffnet. Die Tourismusindustrie verzeichnete danach **zweistellige Zuwachsraten** bei den Besucherzahlen.

Nach der Salazar-Diktatur (bis 1968) und der sechsjährigen Regierungszeit von Salazars Vertrautem und Nachfolger Marcelo Caetano stürzte die Oppositionsgruppe »Bewegung der Streitkräfte« in der weit gehend unblutigen »Nelkenrevolution« 1974 die diktatorische Herrschaft. Unter den sich bildenden Parteien befanden sich die radikalen Gruppierungen FLAMA (Frente de Libertação do Arquipélago da Madeira) und MAIA (Movimento da Autonomia das Ilhas Atlánticas), die die völlige Loslösung von Portugal u. a. durch Bombenattentate durchzusetzen versuchten. Doch kurz vor den Wahlen zum Inselparlament 1976 hatten die Inseln des Archipels weit gehende Selbstverwaltungsrechte als Autonome Region Madeira erhalten. So wählte die Inselbevölkerung 1978 mit 65 % der Stimmen Dr. **Alberto João Cardoso Gonçalves Jardim** von der liberal-konservativen Partei PSD (Partido Social Democrático) zum Regionalpräsidenten. In diesem Amt wurde der rechtspopulistische und inzwischen unter Korruptionsverdacht geratene Politiker zuletzt im Oktober 2004 mit knapp 54 % der Wählerstimmen bei allerdings nur etwa 60 % Wahlbeteiligung bestätigt. Die Regierung in Lissabon übt zwar eine kontrollierende Funktion über die Regierung und das Parlament Madeiras aus, doch in internen Angelegenheiten besitzt Madeira eine gewisse **Selbstständigkeit**, etwa in der Wirtschaftspolitik, bei Steuern und Zöllen.

Unblutige Revolution

1986 trat Portugal der EG bei. Die Einführung des europäischen Binnenmarktes 1993 brachte auch Madeira erhebliche Fördermittel der EU, vor allem für die verkehrstechnische Erschließung der Insel und die Entwicklung des Tourismus. Seit 2000 besitzt der Flughafen Santa Catarina eine verlängerte, auf Betonstelzen ins Meer gebaute Start- und Landebahn. Damit können auch Großraumflugzeuge auf Madeira landen.

EU-Fördermittel

Im Februar 2010 wurde Madeira von einem heftigen Unwetter heimgesucht; mehr als hundert Menschen wurden bei Überflutungen und Erdrutschen verletzt, 42 starben, unzählige wurden obdachlos. Betroffen waren vor allem Funchal und Umgebung. Kritische Stimmen wurden laut, die anmahnten, dass die Böden der Insel durch massive Bebauung zubetoniert, Flüsse im Zuge des Straßenausbaus umgeleitet und Gebäude und Straßen an überschwemmungsgefährdeten Flussufern errichtet worden seien, die Katastrophe also dadurch noch verstärkt wurde.

Unwetterkatastrophe

← *Die Hilfe der EU ist bei solchen Anbauflächen unabdingbar.*

Kunst und Kultur

Was hat Zucker mit Kunst zu tun? Wie kamen flämische Meisterwerke des 15. und 16. Jahrhunderts ausgerechnet nach Madeira? Was versteht man unter Manuelinik und wo sind Beispiele zu finden? Woher kamen die Azulejos? Und was ist ein »brinquinho«?

Kunstgeschichte

Die wirtschaftliche und kulturelle Blüte Portugals, die sich unter König Manuel I. (1495–1521) entwickelte, beeinflusste auch die Architektur in Portugal. Nach diesem Regenten benannt ist der Manuelinische Stil, der sich in seinen gestalterischen Grundsätzen mit den etwa zeitgleich in Europa vorherrschenden Prinzipien der Spätgotik und der Frührenaissance vergleichen lässt, aber insofern eine gewisse Eigenständigkeit erlangte, als auch orientalisch-indische Einflüsse deutlich sichtbar sind. Dass Portugal in dieser Zeit zur führenden Seemacht der Welt heranwuchs, fand auch Ausdruck in Architektur und künstlerischem Schaffen. Charakteristisch für die Manuelinik ist eine ausgeprägte Freude am Dekor, das – ähnlich wie im plateresken Stil Spaniens – oft **naturalistische Elemente** aus der Welt des Meeres und der Seefahrt aufgreift, beispielsweise Seilknoten, gedrehte Taue, Muscheln oder Korallen. Ein schönes Beispiel für diesen Formenreichtum ist ein manuelinisches Fenster im Garten der Quinta das Cruzes in Funchal, etwas schlichter ist ein kleiner Türbogen am Alten Zollamt (▶ S. 49 und Reiseziele von A bis Z, Funchal). Dass auf Madeira kein manuelinisches Bauwerk so imposant ist wie z. B. das Jerónimoskloster von Belém in Portugal, liegt daran, dass die weitab des portugiesischen Festlandes gelegene Insel Madeira als Provinz galt, kein Pflaster also für aufstrebende Architekten und Künstler.

Manuelinischer Stil

Anders als in Festlandportugal haben Architekten auf Madeira den Mudejarstil einfließen lassen. Mudejaren waren Araber, die im 13. bis 15. Jh. im von Christen zurückeroberten Portugal lebten. Auf Madeira sind einige Kirchendecken im Mudejarstil entstanden. Ein schönes Beispiel ist die Decke in der Kathedrale in Funchal. Außerdem findet man Mudejardecken in einigen kleinen Dorfkirchen.

Mudejarstil

Im 18. Jh. wurden viele Kirchenräume, die bis dahin im Manuelinischen Stil oder im Mudejarstil gehalten waren, mit barocker Pracht ausgestattet. Zahlreich sind Beispiele für den spätbarocken Stil, bei dem vor allem Altäre mit kunstvoll geschnitztem und mit Blattgold überzogenem Holz ausgekleidet wurden (Talha Dourada). Wo der Spätbarock auf frühere Gestaltungselemente trifft, offenbaren sich interessante Wechselwirkungen (z. B. in der Kathedrale in Funchal).

Barock

In den 1970er-Jahren wurden mit dem Casino und dem langen Hotelgebäude daneben zwei Bauwerke des brasilianischen Architekten **Oscar Niemeyer** realisiert. Dieser wurde international bekannt durch den Entwurf von Brasília, der Hauptstadt Brasiliens, die während der zweiten Hälfte der 1950er-Jahre komplett neu gebaut wurde.

20. Jahrhundert

← *Dieser bezaubernde Azulejo-Brunnen gehört zu den schönsten Brunnen Madeiras.*

Malerei: keine eigenständige Entwicklung

Während sich zwischen dem 15. und 18. Jh. auf dem portugiesischen Festland eine relativ eigenständige Malerei entwickelte, bezogen auf Madeira geborene bzw. lebende Maler ihre Inspirationen vom Mutterland, was insbesondere auf dem Gebiet der sakralen Malerei deutlich wird. Kein Maler von Madeira errang auch nur annähernd den Ruf so bedeutender portugiesischer Maler wie Vasco Fernandes (gen. Grão Vasco), Gregório Lopes oder Cristóvão de Figueiredo. Dass es heute in den Kirchen und Museen auf Madeira so viele **Gemälde flämischer Provenienz** gibt, ist auf die direkten Geschäftsverbindungen zwischen Madeira und Flandern zurückzuführen, die ab etwa 1472 bestanden. Zucker von der Insel stellte eine so begehrte Handelsware dar, dass einige madeirensische Kaufleute im Gegenzug Bilder namhafter Künstler erhielten.

Azulejos

Azulejos (sprich: Asuléschusch) sind **Keramikfliesen**, die seit Anfang des 16. Jh.s aus Spanien importiert wurden. Zunächst waren es Relieffliesen, die von maurischen Handwerkern in Rot, Grün, Braun und Blau in geometrischen Mustern hergestellt wurden. Später bildeten sich in Portugal (v. a. in Lissabon, Porto und Coimbra) eigene Azulejo-Manufakturen, wo auch andere Motive verwendet wurden. Außerdem wurden sie nicht mehr als Reliefs, sondern als flache Platten nach italienisch-flämischem Vorbild gefertigt. Die gebrannte Tonfliese erhielt eine weiße Zinnglasur, auf die mit Metalloxidfarben gemalt wurde. Vom portugiesischen Festland gelangten die Azulejos auch in die portugiesischen Kolonien und Überseegebiete.

? WUSSTEN SIE SCHON …?

■ …, dass das aus dem Arabischen kommende Wort »az-zuleycha« »Mosaikstein« oder auch »kleiner polierter Stein« bedeutet?

Ihre größte Blüte erfuhr die Herstellung von Azulejos im Laufe des 17. Jahrhunderts. Charakteristisch für diese Zeit sind ganze **Fliesenteppiche** (Tapetes) in den Farben Blau, Weiß und Gelb mit den verschiedensten Bildmotiven. Mit solchen »Teppichen« wurden alle nur erdenklichen Bauflächen – Altar- und Seitenwände in Kirchen, Treppenaufgänge, Brunnen, Bänke, Außen- und Innenwände von vornehmen Häusern – verkleidet. Auch als Schilder für Straßennamen fanden sie Verwendung. Als zu Beginn des 19. Jh.s der portugiesische Königshof nach Brasilien übersiedelte und das Festland von Bürgerkriegen erschüttert wurde, kam die Herstellung von Azulejos fast völlig zum Erliegen und erholte sich erst Mitte des 19. Jh.s wieder. Nach brasilianischem Vorbild verwendete man Fliesen nun auch zur Verkleidung von ganzen Fassaden und Innenwänden von bürgerlichen, kommerziellen oder städtischen Gebäuden. Eine nächste Blütezeit gab es um die Wende vom 19. zum 20. Jh. und wieder Ende des 20. Jh.s; z. B. entstanden nun zahlreiche Wandverkleidungen mit modernen Fliesenmalereien. Einen guten Eindruck dieser Kunst erhält man im Museu Frederico de Freitas in Funchal. Die meisten der Azulejos, die man heute auf Madeira sieht, stammen aus neuerer Zeit und im

Azulejos auf Madeira heute ▶

Viele Plätze und Fußwege auf Madeira sind mit Pflastermosaiken kunstvoll gestaltet.

Allgemeinen aus Massenproduktionen. Hübsch anzusehen sind sie trotzdem. Außerdem gibt es noch einige Kirchen mit bemerkenswerten historischen Azulejo-Bildern. Eine Besonderheit auf Madeira sind die **gefliesten Kirchturmspitzen**, die es auf dem portugiesischen Festland so gut wie gar nicht gibt. Aus dem 16. Jh. stammen die Fliesen an der Turmspitze der Kathedrale von Funchal; sie zählen zu den ältesten erhaltenen Azulejos auf Madeira.

Pflastermosaiken

Wie auf dem portugiesischen Festland gibt es auf Madeira viele Fußwege und Plätze, die kunstvoll mit mosaikartig zusammengesetzten Pflastersteinen befestigt sind. Zumeist sieht man schwarz-weiße Muster, oft mit hübschen Motiven wie Segelschiffen oder Wappen. Der Rathausplatz in Funchal ist komplett mit einem wellenförmigen Pflastermosaik bedeckt. Ähnlich wie auf den Kanarischen Inseln, findet man auf Madeira außerdem Gehwege, die mit dunklen Basaltsteinen befestigt sind; dabei sind die Steine unterschiedlich geformt und in geometrischen Mustern zusammengesetzt.

Dachfiguren

»Remates de tecto« heißen die Figuren, die man vor allem auf dem Land an den Ecken der Hausdächer sitzen sieht. Meistens sind Tauben zu sehen, manchmal auch ein menschliches Gesicht oder ein Hund. Die Figuren sind wie die Dachpfannen aus gebranntem Ton hergestellt und sollen »böse Geister« von den Menschen unter diesem Dach fern halten.

Trachten, Tänze und Musik

Traditionelle Trachten

Die einst von den Madeirensern getragene Tracht ist heute aus dem Alltagsleben fast völlig verschwunden, sie wird nur noch zu **festlichen Anlässen** getragen. Bei den Frauen besteht sie aus einem knielangen, farbig gestreiften Faltenrock, weißer Bluse und einer kunstvoll bestickten Weste, über die eine Art Cape getragen wird. Typisch für die Korbschlittenfahrer von Monte sind die Strohhüte mit schwarzem Hutband, weit geschnittene weiße Hosen und Hemden. Einige Bestandteile der ursprünglichen Tracht sind aber vor allem in ländlichen Regionen noch zu sehen, z.B. die von Männern getragenen **Schafwollmützen** (»barrete de lã«). Typisch sind **Stiefel** aus Ziegenleder mit umgeschlagenem Schaft (»botas«) und weiße, bisweilen auch braune Anzüge, die an Fest- und Feiertagen mit einer roten Schärpe um die Taille getragen werden.

Tänze

In vielen Tänzen werden die traditionellen Tätigkeiten der Landwirtschaft in stilisierter Form auf die Bühne gebracht. Bei kirchlichen Festen, die meist unmittelbar in schwungvolle Volksfeste übergehen, kann man bis heute zahlreiche Folkloretänze sehen. Empfehlenswert ist das alljährlich im Juli stattfindende Folklorefestival in Santana, wo Tanz und Gesang noch recht unverfälscht dargeboten werden.

Musik

Madeira ist in Sachen Musik weit gehend am portugiesischen Festland orientiert. Einflüsse anderer Kulturen, z. B. jene der auf die Insel deportierten Sklaven, sind heute kaum noch nachvollziehbar. Ein Beispiel für solche Gesänge ist im Museu Etnográfico in Ribeira Brava auf einem Video festgehalten. Die für Madeira vielleicht typischste Form der Volksmusik ist der sog. **»desfaio«** (auch »despique« genannt); er fehlt auf keinem Dorffest. Zwei Sänger tragen in Reimen die Ereignisse im Dorfalltag, mitunter auch die in einer Familie vor.

> ❗ *Baedeker* TIPP
>
> **Musik aus Madeira**
> »Portugal Canta 2« heißt eine CD, auf der u. a. die Sänger Sidónio da Silva und João Luís Mendoça mit Liedern aus Madeira vertreten sind.

Begleitet werden die Lieder, die nach dem Motto »Wer den Schaden hat...« meist für große Heiterkeit unter den Zuhörern sorgen, von Instrumenten wie z. B. der »braguinha«, einem gitarreähnlichen Instrument. Weitere volkstümliche Instrumente sind in erster Linie Akkordeon, Gitarre, Geige, Flöte, Trommel und eine Art Ratsche (»reque-reque«), die wohl aus Afrika stammt.

Der **»brinquinho«** ist eine Art Schellenbaum: An einem Holzstab ist ein mit kleinen Püppchen geschmückter Mechanismus befestigt, den man mit der Hand auf- und abbewegt. Dadurch schlagen kastagnettenartige Holzkläppchen und kleine Glocken rhythmisch aneinander. »Brinquinhos« gibt es in vielen Souvenirläden.

Obwohl die Musik oft für Touristen organisiert ist, wird sie ernst genommen.

Eine ganz besondere Art portugiesischer Musik ist der **Fado**. Auch auf Madeira ist er zu hören, doch überwiegend sind Fado-Veranstaltungen für Touristen organisiert. Die Herkunft des Fado vermutet man in der afrikanischen oder brasilianischen Volksmusik. Ein Fadosänger (fadista) wird stets von zwei Gitarrenspielern begleitet, die Lieder haben erzählenden Charakter und teilweise einen melancholischen Grundtenor.

Kunsthandwerk

Die Ursprünge dieser Stickerei gehen vermutlich bis ins 16. Jh. zurück: Bereits zu dieser Zeit wurde die hohe Kunstfertigkeit der Madeirenserinnen gerühmt. Während man bis Mitte des 19. Jh.s nahezu ausschließlich für den privaten Bedarf produzierte, wurde um das Jahr 1850 der Grundstein für eine erste industrielle Herstellung von Stickereien gelegt: **Elizabeth (»Bella«) Phelps**, tatkräftiges Mitglied einer englischen Weinhändlerfamilie, ist es zu verdanken, dass die feinen Handarbeiten u. a. nach England gelangten und 1851 auf der Weltausstellung in London Aufsehen erregten. Durch die Initiative von Elizabeth Phelps konnten sich etliche Madeirenser Familien, deren Weinstöcke durch Mehltau zerstört worden waren, eine neue Existenz aufbauen. Zu Beginn des 20. Jh.s erlebte das Stickereihandwerk – insbesondere die **Weißstickerei** – seine größte Blüte. In den 1930er-Jahren wurde die industrielle Stickerei intensiviert, wobei die Muster kopiert und an die auf der Insel lebenden Stickerinnen geliefert wurden.

Stickereien made in Madeira

Auch heute wird mehr als die Hälfte aller Stickereien in Heimarbeit hergestellt; die Textilien werden allerdings in der Fabrik vorbereitet und erhalten dort den letzten Schliff. Häufig werden die Muster mit einer Maschine, der »máquina de picotar«, in den Stoff perforiert. Das 1978 gegründete **Instituto de Bordados, Tapeçaria e Artesanato da Madeira** (IBTAM, Institut für Kunsthandwerk von Madeira) bemüht sich um eine qualifizierte Ausbildung und leistungsgerechte Bezahlung der Stickerinnen, vergibt Qualitätssiegel und organisiert den Verkauf in alle Welt.

Madeira-Gobelins werden schon im Jahr 1780 dokumentiert. In das Geschäft mit der **Gobelinstickerei** stiegen auch verschiedene Ausländer ein, wie beispielsweise der Österreicher Max Kiekeben, dessen 1909 gegründetes Unternehmen heute noch existiert. Motive sind in erster Linie Porträts, Fantasielandschaften und Gemälde Alter Meister.

> **! Baedeker TIPP**
>
> **Madeira-Stickerei vom Feinsten**
>
> Das Instituto de Bordados, Tapeçaria e Artesanato da Madeira (IBTAM) ist nicht nur für die Vergabe des Qualitätssiegels für die Madeira-Stickerei zuständig, sondern hat in einigen Räumen wundervolle Beispiele dieser Handarbeiten vorwiegend aus dem 19. Jahrhundert ausgestellt (Öffnungszeiten: Mo. – Fr. 10.00 – 12.30 und 14.00 – 17.30 Uhr).

Die Korbflechter von Camacha

Einen ausgezeichneten Ruf genießen die Korbflechter von Madeira, vor allem jene aus dem kleinen Dorf Camacha. Ihre Rohware wächst vorzugsweise in den feuchten Tälern der Nordküste. Die Korbflechterei ist etwa so alt wie die traditionelle Stickerei. Geflochten wird mit besonderen Weidenruten, einer Kreuzung zwischen der Salix alba und der Salix fragilis. Nach der Ernte werden sie geschält und in großen Bottichen gekocht, wobei sie ihre typische braune Färbung annehmen.

Einen Höhepunkt erlebte die Korbflechterei nach 1945, als die Nachfrage nach Korbmöbeln und -waren in ganz Europa stieg. Nach dem drastischen Rückgang in den 1970ern, als die Herstellungskosten stark anstiegen und die Erlöse stagnierten, erlebte das Handwerk Ende des 20. Jh.s eine neue Blüte, in erster Linie aufgrund gestiegener Besucherzahlen. Unter der Regie des staatlichen Instituts für Kunsthandwerk wurden traditionelle Flechttechniken wiederbelebt und moderne Techniken bei der Ernte und Verarbeitung der Weidenruten eingeführt. Zu kämpfen hat die einheimische Korbflechterei aber mit der Billigkonkurrenz aus Osteuropa und Asien. Im Gegensatz zu den Stickereien gibt es für Korbwaren (noch) kein Gütesiegel.

← *Solide Handwerkskunst in Funchal*

Berühmte Persönlichkeiten

**Dass sich der Hochadel auf Madeira wohl fühlte, lässt sich an einer statt-
lichen Reihe illustrer Besucher ablesen. Auf alten Fotografien oder in Bronze
gegossen sieht man sogar gekrönte Häupter.**

John Blandy (1783 – 1855)

Der in Dorchester (England) geborene John Blandy kam 1807 als **Weinhändler** Quartiermeister der britischen Garnison zum ersten Mal nach Madeira. Hier gefiel es ihm so gut, dass er sich – nachdem er den militärischen Dienst quittiert hatte – vier Jahre später niederließ. Blandy erwarb das Haus an der Rua de São Francisco 8 und begründete ein Unternehmen, das durch den Handel mit Madeirawein alsbald einen großen Aufstieg erfuhr. »Blandy's Madeira Wine Company« wurde zu einem in ganz Europa bekannten Handelshaus, das nicht nur in England, sondern auch in Lissabon sowie später auch auf Gran Canaria prosperierende Filialen unterhielt. Die Methode, mit der Blandy den Grundstock für seinen späteren Reichtum legte, war sicher ebenso simpel wie einleuchtend: Die Schiffe, die Madeira anliefen und z. B. Kohle auf die Insel brachten, fuhren nicht etwa leer zu ihren Ausgangshäfen zurück, sondern wurden zu günstigen Frachtpreisen mit Wein beladen. John Blandys Sohn Charles Ridpath (1812–1879) erfuhr während der Zeit seiner Geschäftsführung zwar etliche Rückschläge, er verstand sich aber doch darauf, das durch seinen Vater gegründete Unternehmen weiter auszubauen. So beschäftigte er sich nicht nur mit dem Handel von Weinen, sondern auch mit dem Import von Handelswaren aller Art, die seine Schiffe aus England nach Madeira brachten. Charles Ridpaths Söhne wiederum machten sich einen Namen, als sie in Funchal die Verlegung eines öffentlichen Leitungsnetzes für Trinkwasser anregten. Überdies zeichneten sie als Herausgeber der ersten Zeitung von Madeira, des heute noch bestehenden »Diário de Notícias«, verantwortlich. Im Jahr 1936 erwarb die Familie Blandy das bereits zu dieser Zeit renommierte Reid's Hotel und verkaufte es im Sommer 1996 an eine international operierende Hotelkette. Das Familiengrab der Blandys befindet sich auf dem Britischen Friedhof in Funchal.

Winston Churchill (1874 – 1965)

Unter der Vielzahl berühmter Persönlichkeiten, die Madeira wegen **Britischer** des milden Klimas und der üppigen Vegetation zu schätzen wussten, **Politiker** ragt der britische Politiker Winston Churchill heraus. Er wurde am 30. November 1874 als Sohn des konservativen Politikers Lord Randolph Churchill in Blenheim Palace geboren. Zunächst machte Churchill mit seinen Berichten über den Burenkrieg auf sich aufmerksam, im Jahr 1900 schlug er eine politische Karriere ein. Nachdem er zu den Liberalen gewechselt war und ab 1906 verschiedene Ämter in der britischen Regierung innegehabt hatte, wurde er 1911 Erster Lord der Admiralität und trieb vor allem die Aufrüstung der britischen Flotte voran. Nach seiner Rückkehr ins konservative Lager

← Elisabeth, die schöne Kaiserin von Österreich, trifft man nicht nur in alten Filmen, sondern auch als Bronzestatue auf Madeira.

1924 wurde Churchill zunächst Schatzkanzler, 1939 wieder Erster Lord der Admiralität und 1940 – während des Zweiten Weltkriegs – Premierminister einer Allparteienregierung. Winston Churchill gilt bis heute als Symbol für den britischen Widerstandsgeist; er wurde berühmt mit seinen Durchhalteappellen an das Volk während der deutschen Fliegerangriffe auf britische Städte sowie durch seine legendäre »Blut-Schweiß-und-Tränen-Rede«.

1949 kam Winston Churchill erstmals nach Madeira, wo er hauptsächlich seinem Hobby, der Malerei, frönte. Heute noch erinnert im Fischerort Câmara de Lobos, in den er sich geradezu verliebte, ein kleiner Aussichtsbalkon an die Stelle, von der aus Churchill nicht nur einmal das bunte Treiben malte.

Elisabeth I. (1837 – 1898)

Kaiserin von Österreich und Königin von Ungarn

Elisabeth I. wurde am 24. Dezember 1837 als zweite Tochter von Herzog Maximilian Joseph in München geboren. Als Folge einer von deutschen Interessen geprägten Heiratspolitik wurde sie 1854 mit dem österreichischen Kaiser Franz Joseph I. verheiratet und Kaiserin von Österreich, 1867 auch Königin von Ungarn. Dieser Ehe entstammten außer dem Thronfolger Rudolph die drei Töchter Sophie, Gisela und Marie Valerie. Elisabeth I., im Volksmund liebevoll »Sisi« genannt, war hoch gebildet, sprach mehrere Sprachen fließend, war musisch interessiert und sportlich, aber – aus heutiger Sicht – wohl manisch-depressiv. Zeitlebens der strengen höfischen Etikette abgeneigt, geriet sie immer mehr in eine seelische Vereinsamung und wurde zur Außenseiterin am kaiserlichen Hof. Rastloses Umherreisen kennzeichnete zunehmend ihr Leben. Eine dieser Reisen führte sie 1860 auch nach Madeira, wo sie kränkelnd (manche Ärzte sprachen sogar von einer Schwindsucht) ankam. Dort bewohnte sie fast ein halbes Jahr lang die Quinta das Angústias, die auf dem Gelände der heutigen Quinta Vigia, nunmehr Amtssitz des Präsidenten der Regionalregierung, stand. Das milde Klima der Atlantikinsel sorgte für eine Besserung ihrer Beschwerden.

Getrieben von innerer Unrast, verließ sie Madeira wieder am 28. April 1861, um über einige Zwischenstationen an den kaiserlichen Hof nach Wien zurückzukehren. Am 10. September 1898 wurde Elisabeth I. in Genf von dem italienischen Anarchisten Luigi Luccheni ermordet. Ihr Leben war Grundlage für zahlreiche romantisierende Romane, die überdies auch verfilmt wurden, wobei man eher auf ihre Schönheit blickte, die sie selber geradezu fanatisch gepflegt hatte, als auf ihre Intelligenz und Bildung. Die Schauspielerin Romy Schneider wurde mit den »Sissi-Filmen« zum Weltstar.

Heinrich der Seefahrer (1394 – 1460)

Obwohl der am 4. März 1394 als dritter Sohn des portugiesischen **Entdecker**
Königs João I. geborene Heinrich (portugiesisch: Henrique) nie an
einer längeren Seereise teilgenommen hat, wurde ihm später von der
Historie der Beiname »der Seefahrer« (portugiesisch: o Navegador)
verliehen. Seinen Ruhm begründete der junge Infant – so der
Titel der spanischen und portugiesischen Prinzen – mit der
Eroberung von Ceuta im Jahre 1415. Als Dank dafür wurde er
vom König zum Herzog von Viseu ernannt und mit der Verteidigung und Verwaltung der eroberten Stadt in Nordafrika
betraut. Alte Seekarten, Handschriften und die Erzählungen
zurückkehrender Seefahrer weckten in dem jungen Prinzen das
Interesse an der Seefahrt. Seine Ernennung zum Großmeister
des Christusritterordens im Jahr 1418 brachte ihn in den Besitz
der Finanzmittel dieses Nachfolgers des aufgelösten Templerordens. Das Geld ermöglichte es ihm, seine seefahrerischen
Träume in die Realität umzusetzen. Im äußersten Südwesten
von Portugal, in Sagres, begründete er der mündlichen Überlieferung zufolge eine Art Wissenschaftszentrum, in dem neueste Kenntnisse in Nautik, Astronomie etc. ausgetauscht und
vertieft wurden. Zudem wurde ein völlig neuer Schiffstyp, die Karavelle, konstruiert. Sie war herkömmlichen Segelschiffen an Manövrierfähigkeit und Seetüchtigkeit weit überlegen. In den folgenden
Jahren finanzierte Heinrich etliche Erkundungsfahrten. Zunächst
wurde die Madeiragruppe entdeckt bzw. wieder entdeckt und bis
1423 kolonialisiert (im Jahre 1433 erhielt Prinz Heinrich die Inselgruppe von König Duarte zum Lehen). Es folgten die Azoren, später
dann stießen die Schiffe Heinrichs des Seefahrers immer weiter an
der afrikanischen Küste (der sog. Pfefferküste) vor: Sie erreichten
Kap Verde, Gambia und schließlich auch Guinea. Ein wesentlicher
Antrieb für diese Entdeckungsreisen war nicht nur der lockende
Handel mit Gold, Gewürzen und Sklaven, sondern auch der Kampf
gegen den Islam. Heinrich dem Seefahrer kommt das Verdienst zu,
den Grundstein für die Entwicklung Portugals zur Kolonialmacht
gelegt zu haben. Er starb am 13. November 1460 in Sagres.

Karl I. (1888 – 1922)

Karl I., ein Großneffe Kaiser Franz Josephs I., wurde am 17. August **Kaiser von**
1887 in Persenbeug (Niederösterreich) geboren. Nach dem Tode sei- **Österreich und**
nes Onkels, des eigentlichen Thronfolgers Franz Ferdinand, der am **König von**
28. Juni 1914 in Sarajewo einem Attentat zum Opfer fiel, bestieg er **Ungarn**
am 21. Dezember 1916 als Kaiser von Österreich und König von
Ungarn den Thron. In seine nur zweijährige, glücklose Regierungszeit, mit der die Ära der habsburgischen Regenten endete, fiel das
Ende des Ersten Weltkriegs; in der österreichischen Innenpolitik
gelang es ihm nicht, entscheidende Reformen in Angriff zu nehmen.

Nicht zuletzt unter dem Druck der russischen Revolution von 1917 verzichtete er im November desselben Jahres auf die Ausübung der Regierung in Österreich und Ungarn, ohne freilich offiziell abzudanken. Nachdem er zwei Versuche unternommen hatte, die Monarchie in Ungarn wieder herzustellen, wurde er nach Madeira verbannt. Hier starb der letzte Habsburger auf dem Kaiserthron am 1. April 1922 an einer Lungenkrankheit. Der Sarkophag mit den sterblichen Überresten Karls I. steht heute in der Kirche Nossa Senhora do Monte in Monte. 2004 wurde der Ex-Monarch selig gesprochen.

Christoph Kolumbus (1451 – 1506)

Seefahrer und Entdecker

Christoph Kolumbus wurde vermutlich in Genua geboren. Mit 25 Jahren kam er nach Lissabon, wo er sich bald für den seit der Antike erwähnten westlichen Seeweg nach Indien interessierte. Da seine Idee, eine Expedition zur Erkundung dieses Seeweges auszusenden, beim portugiesischen Königshaus auf taube Ohren stieß, beschäftigte

sich Kolumbus zunächst u. a. mit Seehandel. 1478 fuhr er zum ersten Mal nach Madeira, um für einen in Lissabon lebenden Geschäftsmann genuesischer Abstammung Zucker einzukaufen. Hier lernte er Filipa Moniz kennen – die Tochter von Bartolomeu Perestrelo, des ersten portugiesischen Gouverneurs auf der Nachbarinsel Porto Santo – die er etwa ein Jahr später heiratete. Dadurch hatte er Zugang zu den höheren Kreisen der portugiesischen Gesellschaft. Kolumbus lebte vermutlich von 1479 bis 1484 auf Porto Santo, wo er möglicherweise den Plan für eine Westfahrt erarbeitete. Nachdem die »Junta dos Matemáticos« in Lissabon die Finanzierung dieses Planes endgültig abgelehnt hatte, ging Kolumbus nach Spanien. 1492 verließ er den Hafen von Palos mit drei Schiffen, drei Monate später entdeckte er die Bahamas-Insel Guanahaní (das heutige San Salvador) und damit nicht den erhofften indischen, sondern den amerikanischen Kontinent. Bis zu seinem Tod am 20. Mai 1506 im spanischen Valladolid glaubte Kolumbus jedoch unbeirrt daran, den westlichen Seeweg nach Indien gefunden zu haben. Seit 1899 befindet sich seine letzte Ruhestätte in Sevilla, umstritten ist aber, ob er wirklich in dem Sarkophag liegt. Auf Porto Santo gibt es ein Haus mit dem Namen Casa de Colombo (Kolumbus-Haus), in dem ein Museum eingerichtet ist. Kolumbus soll hier gelebt haben, was historisch jedoch nicht bewiesen ist.

Paul Langerhans (1847 – 1888)

Paul Langerhans wurde am 25. Juli 1847 in Berlin geboren. In seiner Dissertation beschrieb er die später nach ihm benannten Langerhansschen Inseln in der menschlichen Bauchspeicheldrüse, Zellgruppen, in denen die für die Blutzuckerregulation notwendigen Hormone Insulin und Glukagon gebildet werden. Eine weitere Entdeckung, nämlich die einer besonderen Zellform in der Epidermis, erfuhr erst nach seinem Tod gebührende Beachtung. 1874 wurde bei Paul Langerhans eine Lungentuberkulose diagnostiziert, mit der er sich wohl während seiner wissenschaftlichen Arbeit infiziert hatte. Da entfloh er dem nasskalten Norden und gelangte nach Madeira, wo er sich in wissenschaftlicher Weise mit der Fauna der Insel beschäftigte und ein »Handbuch für Madeira« schrieb, in dem er Besuchern nützliche Ratschläge für ihren Madeira-Aufenthalt gab. Nachdem er noch einmal nach Berlin zurückgekehrt war und dort geheiratet hatte, übersiedelte Langerhans 1885 auf Dauer nach Madeira. Dort starb er am 20. Juli 1888 im Alter von nur 40 Jahren an den Folgen der Tuberkulose. Er wurde auf dem Britischen Friedhof von Funchal beigesetzt.

Deutscher Pathologe

Manuel I. (1469 – 1521)

Wie auf dem portugiesischen Festland stoßen Besucher auch auf der gut 1000 km entfernten Insel Madeira immer wieder auf König Manuel I., und zwar in erster Linie wegen des nach ihm benannten Baustils, der Elemente der Gotik, der Frührenaissance und orientalisch-indische Versatzstücke aufweist. Geboren wurde Manuel 1469 als jüngster Sohn des Infanten Fernando. Als der Thronerbe bei einem Reitunfall tödlich verunglückte, rief man Manuel am 27. Oktober 1495 in Alcácer do Sal zum König aus. Mit seiner Heiratspolitik verschaffte Manuel I. sich enge Beziehungen zum spanischen Königshaus. In erster Ehe heiratete er 1497 Isabel von Kastilien, die Witwe des Infanten Afonso. Nach ihrem Tod nahm er ihre Schwester Maria von Kastilien zur Frau; dieser Ehe entstammte der spätere Thronerbe João III. Dritte und letzte Gattin Manuels I. wurde Leonor von Spanien, die eigentlich seinem Sohn versprochen war. Die Regierungsmaßnahmen Manuels I. stärkten die königliche Macht gegenüber dem Adel, die Verwaltung wurde zentralisiert, das Steuer- und Zollwesen vereinheitlicht. Vor allem aber ist seine Regierungszeit verbunden mit den Entdeckungsfahrten, die der Monarch in erster Linie aus handelspolitischen Erwägungen förderte. In seinem Auftrag fand Vasco da Gama den Seeweg nach Indien und Pedro Álvares Cabral segelte nach Brasilien. So wurde Lissabon zum führenden Handelshafen Europas, Manuel wurde als der »Glückliche« oder der »Große« bezeichnet. Reichtum floss ins Land, der sich auch in der Baukunst ausdrückte. Doch das »Goldene Zeitalter« Portugals war nicht von langer Dauer: Bereits beim Tod Manuels I. 1521 war der Höhepunkt von Portugals Glanzzeit überschritten.

König von Portugal

Praktische Informationen

WAS IST IN EINER PONCHA DRIN? WO IST BADEN AM SCHÖNSTEN? UND WIE KRIEGEN SIE IHRE KORBSTÜHLE NACH HAUSE? LESEN SIE ES HIER NACH – AM BESTEN NOCH VOR DER REISE!

Anreise · Reiseplanung

Anreisemöglichkeiten

Mit dem Flugzeug
Zwischen dem europäischen Festland und Madeira bestehen regelmäßige Flugverbindungen. Die portugiesische Fluggesellschaft TAP fliegt täglich Linienflüge von Frankfurt/Main nach Madeira (mit Zwischenlandung in Lissabon). Lufthansa und Swiss fliegen ebenfalls täglich nach Lissabon, wo die TAP die Fluggäste nach Madeira übernimmt. Mittlerweile gibt es auch Billigflieger aus Deutschland, Österreich und der Schweiz nach Madeira. Die Flugzeit von Frankfurt/Main nach Madeira beträgt ca. vier Stunden. Die Anreise nach Porto Santo erfolgt von Madeira aus; dieser Flug dauert etwa 15 Minuten.

Kreuzfahrtschiffe
Madeira ist das ganze Jahr über Ziel von Kreuzfahrtschiffen, die aber meist nur ein oder zwei Tage im Hafen von Funchal bleiben.

Ein- und Ausreisebestimmungen

Reisedokumente
Reisende aus Deutschland, Österreich und der Schweiz benötigen einen gültigen Reisepass oder Personalausweis. Kinder unter 16 Jah-

 INFORMATIONEN ANREISE

FLUGGESELLSCHAFTEN

▶ **TAP – Air Portugal**
In Frankfurt/Main
Tel. 0 18 03 00 03 41
Fax 272 29-380
Tel. 069/69 46 06 (Flughafen Ffm.)
www.tapfly.com

Auf Madeira:
Tel. 291 239 248 (Flugh. Funchal)
Tel. 291 239 211/212 (Stadtbüro)
Tel. 707 205 700 (Porto Santo)

▶ **Condor**
Tel. 0 18 05 76 77 57 (Deutschland)
Tel. +43 (0) 810 96 90 22 (Österr.)
Tel. +41 (0) 840 26 63 67 (Schweiz)
www.condor.com

▶ **Tuifly**
Tel. 09 00 10 00 20 00 (Deutschl.)
Tel. 09 00 19 01 50 (Öster./Schweiz)
www.tuifly.com

▶ **Air Berlin**
Tel. 0 18 05 73 78 00
www.airberlin.com

▶ **Austrian Airlines**
Tel. +43 (0) 517 66 10 01
www.austrian.com

FLUGHAFEN MADEIRA

▶ **Lage**
ca. 18 km östlich von Funchal

▶ **Taxifahrt nach Funchal**
Dauer ca. 30 Minuten, Kosten je nach Ziel zwischen 20 und 30 €.

▶ **Flughafenbus**
Nach Funchal bis zur Hotelzone/Praia Formosa: 9.00, 9.45, 10.30, 11.45, 13.00, 14.15, 15.00, 16.00, 17.15, 18.15, 20.00, 21.30 Uhr; Kosten ca. 5 Euro, mit Rückfahrt 7,50 Euro.

ren müssen einen Kinderausweis (ab 10 Jahre mit Lichtbild) besitzen oder im Reisepass der Eltern eingetragen sein.

Zum Mieten eines Autos genügt der nationale Führerschein, der wie der Fahrzeugschein und die Internationale Grüne Versicherungskarte mitzuführen ist.

Fahrzeugpapiere

Wer Haustiere (Hund, Katze) nach Madeira mitnehmen will, benötigt einen **EU-Tierpass**, erhältlich beim Tierarzt, der den Nachweis über eine Tollwutschutzimpfung enthält, die mindestens 30 Tage zurückliegen muss und nicht älter als 12 Monate sein darf.

Haustiere

Die Mitgliedstaaten der Europäischen Union bilden einen gemeinsamen Wirtschaftsraum, den **EU-Binnenmarkt**, in dem der Warenverkehr für private Zwecke weit gehend zollfrei ist. Für Reisende aus Deutschland und Österreich gelten bei Reisen nach Portugal und also nach Madeira lediglich noch gewisse obere Richtmengen (z. B. für Reisende über 17 Jahren 800 Zigaretten, 10 l Spirituosen und 90 l Wein).

Zollbestimmungen

Für **Reisende aus der Schweiz** liegen bei der Einreise nach Madeira die Freimengengrenzen für Personen über 17 Jahren bei 200 Zigaretten oder 100 Zigarillos oder 50 Zigarren oder 250 g Rauchtabak, ferner bei 2 l Wein und 2 l Schaumwein oder 1 l Spirituosen mit mehr als 22 Vol.-% Alkoholgehalt oder 2 l Spirituosen mit weniger als 22 Vol.-% Alkoholgehalt. Bei der Wiedereinreise in die Schweiz sind abgabenfrei der Reiseproviant sowie (gebrauchtes persönliches) Reisegut; außerdem für Personen über 17 Jahre 200 Zigaretten oder 50 Zigarren oder 250 g Rauchtabak,

> ! **Baedeker** TIPP
>
> **Kopien**
>
> Es ist ratsam, von den Reisedokumenten Kopien anzufertigen und sie im Hotel aufzubewahren, da sie bei Verlust der Originale die Beschaffung von Ersatzpapieren erleichtern.

bei alkoholischen Getränken 1 l mit mehr als 15 Vol.-% Alkoholgehalt und 2 l mit bis zu 15 Vol.-% Alkoholgehalt; ferner Souvenirs im Wert bis 300 sfr., für Personen unter 17 Jahren bis zu 175 sfr. Nähere Auskünfte erteilen die schweizerischen Zollbehörden.

Krankenversicherung

Voraussetzung für eine ärztliche Leistung am Urlaubsort ist, dass dem behandelnden Arzt die von der Krankenkasse ausgestellte **europäische Krankenversicherungskarte** (European Health Insurance Card, EHIC) vorgelegt wird. Diese Karte ersetzt inzwischen den Auslandskrankenschein. Auch mit der Karte sind in vielen Fällen ein Teil der Behandlungskosten bzw. Ausgaben für Medikamente selbst zu tragen. Gegen Vorlage der Quittungen übernimmt die Krankenkasse zu Hause dann die Kosten – allerdings nicht für jede Behandlung.

Gesetzliche Krankenkassen

<table>
<tr><td>

Private Reisekrankenversicherung

</td><td>

Da die Kosten für ärztliche Behandlung und Medikamente in der Regel teilweise vom Patienten zu tragen sind und die Kosten für einen evtl. Rücktransport von den Krankenkassen grundsätzlich nicht erstattet werden, ist der Abschluss einer zusätzlichen Reisekrankenversicherung empfehlenswert.

</td></tr>
</table>

Ausflüge

Auf eigene Faust

Mit dem **Mietwagen** lässt sich Madeira gut auf eigene Faust erkunden, insbesondere seitdem das Straßennetz durch Schnellstraßen und zahlreiche Tunnels erweitert wurde. Landschaftlich entschieden reizvoller sind – so noch vorhanden – die alten oft engen und kurvenreichen Straßen, für die man allerdings erheblich mehr Zeit einplanen muss (▶Touren).

Busse fahren alle Orte auf Madeira an, manche allerdings nur einmal am Tag. Die Erforschung der Insel per Bus erfordert daher eine sorgfältige Planung (▶Verkehr).

Geführte Inselrundfahrten, Wanderungen

Zahlreiche Reisebüros und Reiseveranstalter in Funchal haben sich auf halb- oder ganztägige Inselrundfahrten auch mit Deutsch sprechenden Reiseleitern spezialisiert. Organisierte Wanderungen, darunter vor allem auch Levadawanderungen, werden ebenfalls von vielen Touristikunternehmen auf der Insel angeboten. Wer nicht sonderlich wandererfahren ist, ist mit einer dieser geführten Touren gut bedient, denn die Ausschilderungen sind gelegentlich eher mangelhaft.

Schiffsausflüge

Schiffsausflüge kann man direkt am Informations- und Ticketschalter an der Marina Funchal buchen. Halbtages-Segeltouren und kürzere Fahrten, beispielsweise mit der Jacht »Albatroz« (bis zu 20 Teilnehmer), bietet die Albatroz Organization an. Bei Fahrten mit der »Katherine B.« von Kapitän Peter Bristow, einem erfahrenen Sportfischer, kann man Delphine und mit einigem Glück auch Wale beobachten. Weitere Auskünfte erteilt die Touristeninformation. Eine fast maßstabsgetreue Replik des Schiffs, mit dem Kolumbus nach Amerika segelte, wurde in einer Werft in Câmara de Lobos gebaut. Ausflüge auf diesem schönen Holzschiff entlang der Südküste Madeiras bietet

> **!** *Baedeker* **TIPP**
>
> **Das Meer erleben auf dem Fischerboot**
>
> Mit seinem liebevoll restaurierten Fischkutter »Ribeira Brava« bricht Rafael Gomes regelmäßig mit Gästen vom Yachthafen Calheta zur Delphin- und Walbeobachtung auf. Gomes spricht perfekt Deutsch und ist engagierter Naturschützer (Mobiltel. 968 400 980 oder 914 710 259, www.lobosonda.com.

Santa Maria de Colombo (Tickets am Kiosk in der Marina oder beim Anleger im ehem. Frachthafen (Estr. da Pontinha); Tel. 291 223 565, 291 220 327, www.madeirapirateboat.com).

Die Überfahrt nach Porto Santo (ca. 50 € hin und zurück) mit der Nach Porto Santo Fähre dauert etwa 2 Stunden. Erst kürzlich wurde das neue Schiff in Dienst gestellt. Informationen erhält man in Funchal in der Rua da Praia, Tel. 291 210 300, auf Porto Santo im Hauptort Porto Santo, Rua de Estévão Alencastre, Tel. 291 982 543.

Auskunft

 ## WICHTIGE ADRESSEN

AUSKUNFT IN DEUTSCHLAND

► **Turismo de Portugal – Portugiesisches Fremdenverkehrsamt**
Zimmerstr. 56
D-10117 Berlin
Tel. 00 49 - 30 - 2 54 10 60
edt.berlin@turismodeportugal.pt
www.visitportugal.com
Der Berliner Standort des portugiesischen Fremdenverkehrsamts ist auch für Interessierte aus Österreich und der Schweiz zuständig.

AUF MADEIRA

► **Direcção Regional do Turismo da Madeira**
Avenida M. Arriaga, 18
9004-519 Funchal
Tel. 00 351 291 211 900
Fax 291 232 151
www.turismomadeira.pt

INTERNET

► **www.turismomadeira.pt www.turismomadeira.org**
Offizielle Websites der Tourismusbehörde von Madeira, unter anderem auch auf Deutsch. Allgemeine Informationen zu Madeiras Sehenswürdigkeiten und Hotels, recht informative Seite.

► **www.madeira-web.com**
Alles rund um den Madeira-Urlaub auf Deutsch: Hotels, Wetter, Wandern und Bilder aus Live-Web-Cameras an mehreren Standorten.

► **www.madeira-island.com**
Ein Führer durch Madeira auf Englisch; mit Hotels, Einkaufsmöglichkeiten, Informationen zu Museen und einer Auflistung aller Feste auf der Insel.

► **www.visitmadeira.de**
Reiseinformationen zu Madeira auf Deutsch, Reiseangebote mit Flügen und Unterkünften, sowie einige wenige Informationen zur Insel selbst.

► **www.madeira-club.de**
Diverse Kurzinformationen zu Madeira auf Deutsch: allgemeine Infos zur Insel, zum Wandern, zu Wetter, Hotels, Ferienwohnungen, eine Auswahl von Artikeln aus der deutschsprachigen Inselzeitung Madeira Aktuell, ein paar Infos zu Porto Santo.

► **www.madeira-zeitung.de**
Internetzeitung auf Deutsch

BOTSCHAFT DER REPUBLIK PORTUGAL

► **In Deutschland**
Zimmerstr. 56
D-10117 Berlin
Tel. 030 / 590 06 35 00
Fax 030 / 590 06 36 00

► **In Österreich**
Opernring 3
A-1010 Wien
Tel. (01) 58 67 53 60
Fax (01) 58 6753 69-9

► **In der Schweiz**
Weltpoststr. 20
CH-3015 Bern
Tel. 031 352 86 02
Fax 031 351 44 32

KONSULATE AUF MADEIRA

► **Deutsches Honorarkonsulat**
Largo do Phelps, 6
9050-025 Funchal
Tel. 291 220 338
Fax 291 230 108
Das deutsche Honorarkonsulat steht auch Schweizern zur Verfügung.

► **Österreichisches Honorarkonsulat**
Rua Imperatriz Dona Amélia
Edifício Princesa, Loja 0/4
9000-018 Funchal
Tel. 291 206 103
Fax 291 281 620

Badeurlaub

Madeira ist keine Badeinsel par excellence. Die wenigen Strände, die es gibt, haben in der Regel keinen Sand, sondern grobe Kieselsteine. Nützlich sind an solchen Stränden dicke Unterlagen und Badeschuhe. Aber Madeira bietet etliche künstliche Küstenbäder und kleinere Badelandschaften, die als »Complexo Balnear« oder »Balneário« bezeichnet werden. Außerdem haben fast alle Hotels auf Madeira Swimmingpools.

Porto Santo hat dagegen Sand im Überfluss: Der etwa neun Kilometer lange Strand Campo de Baixo ist nicht nur während der Ferienzeit, sondern auch an Wochenenden ein beliebtes Ausflugsziel für Familien von Madeira. Dennoch findet man hier auch ruhige Fleckchen.

Kiesstrände und Badestellen auf Madeira

Strände mit teilweise sehr groben Kieselsteinen gibt es unter anderem in **Ribeira Brava und Ponta do Sol**, hier sind jeweils die Strände dem Ort direkt vorgelagert. Bei **Madalena do Mar** gibt es zwei Badestellen, eine vor dem Tunnel, eine dahinter. **Fajã dos Padres** besteht nur aus wenigen Häuschen und einem einfachen Restaurant an einem Kiesstrand mit Betonplatten. Man kommt mit dem Boot oder einem Fahrstuhl hinunter, der in der Nähe des Cabo Girão installiert ist. Weitere Strände mit grobem Kies findet man in **Santa Cruz** im Osten der Insel. Am Westrand von **Funchal** liegt die Praia Formosa, die atmosphärisch allerdings etwas von den nahen Öltanks beeinträchtigt wird. In einigen Orten wie beispielsweise **Calheta** sind ruhige Badestellen mit Molen vom offenen Meer abgetrennt worden, so dass man hier normalerweise gut schwimmen kann. In **Faial** hat man eine künstliche Lagune geschaffen, die Badende vor schwerer Brandung schützt.

? | WUSSTEN SIE SCHON …?

■ Um den künstlichen Sandstrand von Calheta anzulegen, wurden 40 000 Kubikmeter Wüstensand per Containerschiff aus Marokko herangeschafft.

Der einzige natürliche **Sandstrand** mit etwas Sand, die »Prainha« – wörtlich übersetzt: das Strändchen –, befindet sich zwischen Caniçal und der Halbinsel Ponta de São Lourenço. Die hellen Strände von Calheta und Machico wurden künstlich aufgeschüttet.

Meeresschwimmbecken und Schwimmbäder

Eine tolle Alternative bieten die von der Natur geformten **Lavaschwimmbecken**. Sie haben den großen Vorteil, dass man nicht der unmittelbaren Wucht der Wellen ausgesetzt ist. Badeschuhe mit grif-

Der Untergrund ist nicht bequem, aber das Wasser ist herrlich

figer Sohle sind empfehlenswert. Zwei sehr schöne Lavaschwimm-
bäder gibt es z. B. in **Porto Moniz**. Das neuere ist ein normales
Schwimmbad mit Liegeflächen, Toiletten und Restaurant, das andere
eine Lavalandschaft mit abgegrenzten Becken.

Künstliche Schwimmbecken

Künstlich angelegte kleinere Becken, in die bei Flut Meerwasser gespült wird, gibt es in **Seixal, Ponta Delgada und Porto da Cruz**. Bei
hoher Flut hat man in diesen Becken etwas Brandung, bei Ebbe kann
man im ruhigen Meerwasser gut schwimmen. Meistens muss man
einen geringen Eintritt bezahlen
und hat dafür Umkleidekabinen
und Toiletten zur Verfügung. Das
Tourismuszentrum **Caniço de Baixo**
bietet die beiden schönen Meeresschwimmbäder Rocamar und Galomar. Die Meeresschwimmbäder
von **Santa Cruz** und **Ribeira Brava**
werden auch von den Madeiren-
sern gerne besucht. Beliebt sind darüber hinaus der neue Badekomplex »Piscinas das Salinas« in **Câmara do Lobos** und die Badeanlage
in Caniçal.

> ### *i* Die schönsten Badestellen
>
> - Lavaschwimmbecken in Porto Moniz
> - Sandstrand von Porto Santo
> - Wasserpark in Santa Cruz
> - Complexo Balnear da Ponta Gorda in Funchal

Fast alle Hotels in Funchal verfügen über Schwimmbäder, einige haben sogar kleine Lavaschwimmbecken. Dazu kommen ein paar gute
öffentliche Schwimmbäder mit sowohl künstlichen Pools als auch
Badestellen im Meer oder Becken, die von Meerwasser geflutet werden. Östlich des Forte de São Tiago liegt die Anlage »Barreirinha«.
Der »Complexo Balnear do Lido« in der Hotelzone verfügt u. a. über
ein Becken mit 50-Meter-Bahn. Noch weiter westlich liegen der
»Clube Naval« und der »Complexo Balnear das Poças do Governa-
dor«. Am modernsten ist der »Complexo Balnear da Ponta Gorda«
mit mehreren Pools und einem Meerwasserbecken.

Mit Behinderung unterwegs

Madeira ist für Menschen mit Körperbehinderungen aufgrund seiner
Topografie ein eher **schwieriges Terrain**. Die steilen Straßen und Wege und auch das vielerorts beliebte Kopfsteinpflaster sind nicht nur
für Rollstuhlfahrer sehr mühsam. Bisher sind auch nur wenige Hotels behindertengerecht eingerichtet. Man bemüht sich zwar um Ver-
besserungen, doch die greifen erst langsam.
Levadawanderungen sind für Menschen mit Körperbehinderung fast
ausgeschlossen, da die Wege in der Regel viel zu schmal sind. Immerhin wurde ein fast 2 km langer **Wanderweg durch Laurazeenwald**
vom Pico das Pedras nach Queimadas für Rollstühle zugänglich
gemacht.

 **EINIGE ANLAUFSTELLEN**

IN DEUTSCHLAND

▶ **BSK-Reise-Service**
Altkrautheimer Staße 20
D-74238 Krautheim / Jagst
Tel. 0 62 94-4 28 10
www.reisen-ohne-barrieren.eu

IN ÖSTERREICH

▶ **Verband aller Körperbehin-
derten Österreichs**
Schottenfeldgasse 29

A-1070 Wien
Tel. 01 5 12 36 61-460

IN DER SCHWEIZ

▶ **Mobility International Schweiz**
Amthausquai 21
4600 Olten
Tel. 062 212 67 40
Fax 062 212 67 39
info@mis-ch.ch
www.mis-ch.ch

Elektrizität

Das Stromnetz auf Madeira führt **220 Volt Wechselstrom bei 50
Hertz**. Nur in Ausnahmefällen sind Adapter notwendig, die man im
Bedarfsfall entweder an der Hotelrezeption oder in entsprechenden
Fachgeschäften in Funchal erhält.

Essen und Trinken

Madeiras Küche ist ganz **wesentlich von der portugiesischen Küche
geprägt**, die sich weniger durch kulinarische Experimente als durch
bodenständige und nahrhafte Gerichte auszeichnet. Wenn es ein
Grundprinzip der portugiesischen Küche gibt, dann das, aus den zur
Verfügung stehenden Produkten der örtlichen Landwirtschaft das
Beste zu machen.

**Bodenständige
Küche**

Wie in anderen südlichen Ländern fällt das **Frühstück** eher einfach
aus. Nur in den großen Touristenhotels gibt es Frühstücksbuffets, wo
auch Wurst, Käse, gekochte bzw. gebratene Eier und Früchte angeboten werden. Wer in einem Café frühstückt – wie viele Madeirenser es
tun –, kann einen Buttertoast (torrada), einen Toast mit Schinken
und Käse (tosta mista) oder ein Brötchen mit Käse (sanduíche de
queijo) oder Schinken (sanduíche de fiambre) bestellen.
Mehr Wert wird auf **Mittag- bzw. Abendessen** gelegt, das in aller
Regel aus zwei, bisweilen auch drei Gängen besteht: der Vorspeise
(entrada), der Hauptspeise – fast immer ein Fleisch- oder Fisch-

Mahlzeiten

gericht mit Kartoffeln oder Pommes frites – und der Nachspeise (sobremesa) mit hausgemachten Süßspeisen, Früchten oder Eis. Als **Kleinigkeiten vorab** werden oft Brot, Butter, Oliven, Käse und Pasteten o. ä. auf den Tisch gestellt, die zusätzlich berechnet werden. Gelegentlich werden auch ungefragt teurere Meeresfrüchte hingestellt, die natürlich bezahlt werden müssen, wenn man davon nimmt. Man kann sie aber auch einfach unberührt zurückgehen lassen. Besonders lecker ist das nach traditionellem Rezept im Steinofen gebackene »pão caseiro« oder auch »bolo de caco«, ein Brot mit einem Anteil an Süßkartoffeln. Mitunter wird dieses als kleiner Fladen gebackene Brot auch auf dem Land an Straßenständen verkauft, so dass man sich für die Fahrt eindecken kann.

! *Baedeker* TIPP

Dentinhos

Fragen Sie in einfachen Bars zu Ihrem Bier oder Wein mal freundlich nach »dentinhos« (»Zähnchen«): Oft serviert der Wirt dann kostenlose Kleinigkeiten wie tremoços (Lupinenkerne) oder winzige Portionen Fisch oder Innereien.

Ein Kaffee zwischendurch Sehr beliebt ist auf Madeira wie auch in Portugal ein kleiner Kaffee zwischendurch – er kostet nicht viel und ist jederzeit passend. Man trifft sich zum zwanglosen Gespräch oder nimmt einfach im Stehen eine »bica« (Espresso), einen »café com leite« (Kaffee mit Milch), einen »meia de leite« (Milchkaffee mit etwas weniger Milch) oder »galão« (Milchkaffee im Glas). Einfache kleine Cafés und Pastelarias, die leckere kleine Kuchen, oder Bars, die hausgemachte Menüs zu günstigen Preisen anbieten, findet man öfter. Im Zentrum von Funchal gibt es zwischen der Uferstraße und der Kathedrale eine kurze Flaniermeile mit mehreren großen Cafés und Restaurants zum Draußensitzen.

Essenszeiten Geöffnet sind die Restaurants in der Regel mittags zwischen 12.00 und 15.00 Uhr und dann wieder ab 18.00 oder 19.00 Uhr. Bis 22.00 Uhr bekommt man normalerweise Abendessen. **Tischreservierungen** sind in der gehobenen Restaurantkategorie generell ratsam. Auch wenn man in einer etwas größeren Gruppe kommt, sollte man vorher einen Tisch reservieren.

Landestypische Speisen

Suppen Eine für Madeira typische Suppe ist die Tomatensuppe, in die Zwiebeln sowie – kurz vor dem Servieren – ein Ei gegeben werden. Eine andere Suppe ist die berühmte »caldo verde« mit fein geschnittenem grünem Kohl, Wirsing oder Mangold, die Brühe ist entweder klar oder legiert. Traditionelle madeirensische Suppen sind auch die Sopa de Trigo (aus Weizen), die Açorda (eine klare Brühe mit Ei, Knoblauch und Brot) sowie die Sopa de Agrumes auf der Basis von Wasserkresse.

Schweine- und Rindfleischgerichte stehen eher selten auf dem Speiseplan der Madeirenser, allerdings findet man sie natürlich auf den Menükarten aller Restaurants. Eine typische Spezialität ist die **espetada da Madeira**, ein Spieß, bei dem die Fleischstücke auf einen Lorbeerzweig gesteckt und dann über offenem Feuer gegrillt werden. Außerdem gibt es Schnitzel (escalope) und Steaks (bife) in verschiedenen Zubereitungen, Letzteres auch als typisch portugiesisches Rindersteak (bife à portuguesa). Grillhähnchen (frango assado) ist ein beliebtes und preisgünstiges Essen.

Fischgerichte sind auf Madeira sehr vielfältig, auch sonstige Meerestiere wie »caramujos« (Langostinos), »caracóis« (Meeresschnecken) und »lapas« (Napfschnecken) sind meist frisch zu haben. Unter den Fischen ist die »espada preta« oder

Der berühmte Fleischspieß: »Espetada da Madeira«

einfach nur **espada** (Degenfisch) eine ausgesprochen madeirensische Spezialität. In einigen Restaurants wird die schwarze, schuppenlose »espada« auf traditionelle Art und Weise mit einer Banane serviert. Andere Spezialitäten sind »atum« (Thunfisch) und »bacalhau« (Stockfisch), der meist mit Zwiebeln, Knoblauch, Oliven und Kartoffeln zubereitet wird. Außerdem stehen »pargo« (Brasse), »espadarte« (Schwertfisch), »garoupa« (Zackenbarsch), »dourada« (Goldbrasse) und mitunter auch »bo-

> **ℹ Spezialitäten der Insel**
>
> ■ Espetada: Fleischstücke auf Lorbeerspieß
> ■ Espada: Degenfisch mit Banane
> ■ Bolo de Mel: Honigkuchen
> ■ Aguardente: Zuckerrohrschnaps

dião« (Papageienfisch) auf der Speisekarte. Köstlich ist eine Kombination von Meeresfrüchten mit Reis, die als »arroz de marisco«, eine Art Paella, auf den Tisch kommt.

Beilagen Zu den Hauptgerichten werden normalerweise Reis, Kartoffeln oder Pommes frites serviert. Andere Beilagen sind in der traditionellen portugiesischen Küche eher selten. Oft empfiehlt es sich, zusätzlich wenigstens einen Salat zu bestellen, der allerdings meistens noch nicht angemacht ist. In Restaurants, die auf Touristen eingestellt sind, ist jedoch vielfach Salat oder manchmal auch ein Gemüse schon dabei.

Süßspeisen und kleine Törtchen

Liebhaber von Süßspeisen können als Nachtisch »leite creme«, eine leicht karamellisierte Masse aus Zucker, Ei und Milch, oder »arroz doce«, einen mit Zimt bestäubten Eier-Reis-Pudding probieren. Häufig angeboten werden auch »pudim flan«, eine Karamelpudding-Variante, und »pudim de maracuja« – Maracuja-Pudding. Oft gibt es schlicht »bolo« (Kuchen) oder »fruta(s)« – frische Früchte. Eine madeirensische Spezialität ist der **Bolo de mel**«, ein Honigkuchen, der auch als Souvenir verkauft wird. »Bolo de nata« oder auch »pastel de nata« ist ein rundes Blätterteigtörtchen mit einer Sahnepuddingmasse.

Früchte sind außerordentlich beliebt. Die auf Madeira angebaute Mango (Mangifera indica) ist recht klein, gelb und faserig, aber sehr aromatisch. Die langen Zapfen des **Philodendron** (Monstera deliciosa), der nicht nur in Gärten und Parks, sondern auch wild gedeiht, sind im Inneren von feinem, süßem Geschmack, wenn sie wirklich reif sind. Die Passionsfrucht oder Maracuja bezaubert durch ihre prächtigen Blüten; ihre Früchte werden als Tafelobst und zur Saftherstellung geschätzt.

! *Baedeker* TIPP

Das Aroma der Anona

Ein köstliches Aroma besitzt die Anona oder Cherimoya, die wie ein grüner rundlicher Tannenzapfen aussieht. Man kann sie auch einige Tage lang zum Nachreifen lagern.

Getränke

Wein

Wein ist auf Madeira noch immer das traditionelle Tischgetränk; die meisten Weine stammen allerdings vom portugiesischen Festland. Eine Besonderheit ist der »**vinho verde**«, ein leichter, säurereicher Wein aus Nordportugal, der früh geerntet und nur kurz vergoren wird, in der Flasche noch etwas weiter fermentiert und eine frische, leicht moussierende Art entwickelt.

Der **Madeirawein**, der die Insel seit Jahrhunderten in aller Welt berühmt gemacht hat, wird nicht zum Essen, sondern als Aperitif oder Digestif getrunken (▸Baedeker Special, S. 70). Einfachere Sorten finden auch in der Küche und dort besonders bei der Zubereitung von Saucen Verwendung. Madeirawein lässt sich in vier Sorten einteilen: **Malmsey** ist der süßeste, wahrscheinlich auch der beste Madeirawein. Er zeichnet sich durch eine dunkelbraune Farbe aus, besitzt eine leichte Schärfe und eignet sich als Abschluss eines guten Essens. **Bual** ist ein relativ leichter und nicht ganz so süßer Wein wie der Malmsey, eignet sich aber auch als Dessertwein. Der Geschmack des **Ver-**

Eine Poncha zu mixen erfordert kräftige Handarbeit, das Ergebnis gehört zu den bleibenden Geschmackserinnerungen.

delho erinnert etwas an Honig und Rauch; diese Sorte wird als Aperitif wie als Dessertwein getrunken. Die Trauben des **Sercial** wachsen in höheren Lagen und werden als letzte gelesen. Der daraus gewonnene Wein zeichnet sich durch eine leichte Schärfe ebenso aus wie durch eine gewisse Leichtigkeit und eignet sich gut als Aperitif.

Mineralwasser (água mineral) ist in der Regel mit oder ohne Kohlensäure erhältlich (com / sem gás). **Bier** (cerveja) ist ein sehr beliebtes Getränk. Bestellt man »cerveja«, bekommt man Flaschenbier, »imperial« ist ein kleines Bier vom Fass, »balão« ein mittleres und »caneca« ein großes Bier. Neben importierten Biersorten werden auf Madeira auch mehrere portugiesische Biere ausgeschenkt: Coral, Super Bock (kein Bockbier, sondern Export!) und Sagres.

Nach opulenten Mahlzeiten gilt ein Gläschen »**aguardente**«, Zuckerrohrschnaps, als beliebter und die Verdauung fördernder Abschluss. Aguardente ist auch Bestandteil der »**Poncha**«.

Spirituosen

JE ÄLTER, DESTO BESSER

Nirgendwo sonst wird Wein eine solche Behandlung zuteil wie auf Madeira. Und jeder Weinkenner würde darob den Kopf schütteln, wüsste er nicht um den außergewöhnlichen Geschmack des Sercial, Verdelho oder Malvasier.

Dabei stand einst der Zufall Pate: Der aus den importierten Rebsorten gekelterte Madeirawein besaß eine leicht säuerliche und daher gewöhnungsbedürftige Note. Die Seeleute, die am Anfang ihrer Entdeckungsreisen Madeira anliefen und Wein für die langen Fahrten luden, berichteten von einer erstaunlichen Geschmacksveränderung, wenn die Fässer der **tropischen Hitze** ausgesetzt gewesen waren. Und nachdem die Seeleute ihm auch noch ein gewisses Quantum **Brandy** zugesetzt hatten, um die alkoholische Gärung zu stoppen, hatte der Madeirawein seinen typischen Geschmack bekommen.

Weinherstellung

Im Prinzip funktioniert die Weinherstellung auf Madeira heute noch wie vor 450 Jahren: Allerdings wird der Wein nicht mehr auf eine Seereise in die Tropen geschickt, sondern für vier bis fünf Monate auf ca. 50 °C erhitzt.

Danach wird er dem **Solera-Verfahren** unterzogen: Der Wein wird in unterschiedliche Qualitätskategorien eingeteilt und in Fassreihen eingefüllt, wobei Weine mit ähnlichem Charakter nebeneinander stehen. Aus der untersten Fassreihe mit dem ältesten Wein wird ein gewisses Quantum entnommen und die fehlende Menge aus der darüberliegenden Fassreihe wieder aufgefüllt. Dieses Verfahren wird bis in die oberste Fassreihe fortgesetzt. So gelangt immer ein Teil neueren Weines in ein Fass mit älterem Wein. Erst nach einem weiteren Reifungsprozess wird der nun genussreife Wein auf die typischen Flaschen gezogen.

Flaschen ohne Altersangabe enthalten in der Regel dreijährigen Wein. Im Restaurant und in Bars bekommt man meist einen fünfjährigen Wein; deutlich teurer, aber auch sehr viel edler sind Tropfen, die zehn oder 15 Jahre Reifezeit hinter sich haben.

Kostbare Tropfen in alten Flaschen versprechen einen besonderen Genuss.

Von trocken bis süß

Die häufigsten Rebsorten sind **Sercial, Verdelho, Bual und Malmsey**. In eben dieser Reihenfolge werden sie auch immer süßer und vollmundiger, wobei für die Süße des Weines allerdings nicht die Rebsorte, sondern die Menge des zugesetzten Branntweins und der Zeitpunkt seiner Zusetzung verantwortlich sind. Der trockenste, Sercial, der erst im November gelesen wird, eignet sich besonders gut als Aperitif; der süßeste, der Malmsey oder Malvasier, zeichnet sich durch eine gewisse Schärfe aus und gilt als ausgesprochener Dessertwein. Verdelho wird als Aperitif und Dessertwein getrunken, Bual in der Regel nur als Dessertwein.

Lagerung

Madeirawein ist schier unbegrenzt haltbar. Es gibt sogar Tropfen, die nach 100 Jahren und mehr noch eine erstaunliche Frische und Fülle offenbaren, allerdings eher zur Kategorie »unerschwinglich« zählen. Während man andere Weine am besten liegend aufbewahrt, mag es der Madeira genau andersherum: Das liegt ganz einfach daran, dass er keinen Sauerstoff mehr durch den Korken aufnehmen muss. Ist die Flasche aber erst einmal geöffnet, sollte man ihren Inhalt nicht mehr allzu lange aufbewahren. Doch Kennern des feinen Tropfens wird das gewiss nicht schwer fallen ...

Madeira-Rezepte

Madeira kann man pur genießen, er lässt sich aber auch zu einer feinen Sauce verarbeiten: Man nehme 0,5 l Fleischfond, lasse ihn bei nicht zu großer Hitze um etwa ein Drittel einkochen (dabei ständig mit dem Schneebesen schlagen), dann gebe man 4 Esslöffel Madeira (Bual) hinzu, würze gegebenenfalls mit Salz und Pfeffer und serviere die Sauce sofort, vorzugsweise zu Kalbfleisch.

Nicht zu verachten ist auch die folgende Rezeptur: Man gebe 6 cl Madeira (Sorte nach Gusto), 2 Barlöffel Maraschino, 2 Barlöffel Läuterzucker und ein Eidotter in den Shaker, schüttle das Ganze gut durch und gieße es in ein Longdrink-Glas, Garnitur: geriebene Muskatnuss. Diese interessante Mischung wird am Nachmittag serviert und nennt sich Madeira Flip.

Feiertage · Feste · Events

Neben den gesetzlichen Feiertagen gibt es auf Madeira ortsgebundene religiöse und traditionelle Feiertage. Aktuelle Termine von Festen und Feiertagen erfährt man in den Touristeninformationen (▶ Auskunft). Einige Hotels und Restaurants veranstalten regelmäßig Darbietungen madeirensischer Folklore.

▶ FESTE AUF MADEIRA

GESETZLICHE FEIERTAGE

▶ **1. Januar**
Neujahr

▶ **Februar / März**
Karnevalsdienstag, Aschermittwoch

▶ **März / April**
Karfreitag

▶ **25. April**
Tag der Freiheit; Nationalfeiertag zur Erinnerung an die Nelkenrevolution am 25. April 1974

Musik gehört einfach dazu.

▶ **1. Mai**
Tag der Arbeit

▶ **Mai / Juni**
Fronleichnam

▶ **10. Juni**
Dia de Portugal bzw. Camões-Tag; Nationalfeiertag zum Todestag des Nationaldichters Luís de Camões am 10. Juni 1580

▶ **1. Juli**
Tag der Entdeckung von Madeira

▶ **15. August**
Mariä Himmelfahrt

▶ **5. Oktober**
Tag der Republik; Nationalfeiertag zum Jahrestag der Ausrufung der portugiesischen Republik am 5. Oktober 1910

▶ **1. November**
Allerheiligen

▶ **1. Dezember**
Nationalfeiertag zum Gedenken an die portugiesische Unabhängigkeit von Spanien am 1. Dezember 1640

▶ **8. Dezember**
Fest der Unbefleckten Empfängnis Mariens

▶ **25. Dezember**
Weihnachten

▶ **26. Dezember**
St.-Stephans-Tag

FEBRUAR / MÄRZ

► Karneval

Vier Tage lang feiern die Madeirenser auf der Insel Karneval. Höhepunkt ist ein organisierter Umzug am Karnevalssamstag in Funchal. Ein weiterer Umzug findet am Karnevalsdienstag statt.

APRIL / MAI

► Blumenfest

Das farbenprächtige Blumenfest läutet den Frühling ein und gehört zu den wichtigsten Ereignissen im Veranstaltungskalender von Madeira. Auf keinen Fall sollte man den Umzug durch Funchal versäumen, an dem Gruppen aus allen Regionen der Insel teilnehmen. Ganz Funchal ist dann mit Blütenteppichen geschmückt.

Blumenkinder beim »Festa das Flores«

JUNI

► Festival do Atlântico

Zu diesem Musikfestival (klassische Musik) in Funchal kommen namhafte Interpreten und Orchester aus aller Welt. Die Konzerte werden in Kirchen, Palästen, Gärten und im Stadttheater Funchal veranstaltet.

► São Pedro-Fest

Bunte Bootsprozession zu Ehren des Schutzpatrons der Seeleute in Ribeira Brava.

JULI

► 24 Horas de Bailar

24 Stunden Folklore in Santana mit viel Musik auf traditionellen Instrumenten, Liedern und Tänzen – sehr lohnend nicht nur für Folklorefans.

AUGUST

► Madeira Wine Rallye

Am ersten Augustwochenende findet seit 1959 die traditionelle »Madeira Wine Rallye« statt, deren Ergebnis zur Europacup-Wertung zählt. Die Rennstrecke verläuft über die ganze Insel – eine besondere Herausforderung.

► Mariä Himmelfahrt

Spektakuläre Prozession und ein großes Fest zu Ehren von Nossa Senhora do Monte im Bergort Monte.

SEPTEMBER

► Madeira Wine Festival

Rauschendes Fest zum Beginn der Weinlese Mitte September. Am eindrucksvollsten wird rund um den Wein in Estreito de Câmara de Lobos gefeiert. In Funchal gibt es außerdem Veranstaltungen mit madeirensischer Folklore und Weinproben.

► Apfelfest

Fest zur Apfelernte mit selbst gemachten Produkten in Ponta do Pargo. Verkauft werden nicht nur Erzeugnisse aus Äpfeln, sondern auch diverse Obst- und Gemüseprodukte.

▶ **Christoph-Kolumbus-Woche**
Auf Porto Santo gibt es eine
Woche lang verschiedene Veranstaltungen zu Ehren von Christoph Kolumbus.

▶ **Bootsprozession**
Festa da Nossa Senhora da Piedade: Bootsprozession in Caniçal,
bei der das Marienbildnis aufs
Wasser gefahren wird.

OKTOBER

▶ **Apfelfest**
Apfelfest in Camacha.

NOVEMBER

▶ **Kastanienfest**
In Curral das Freiras wird ein
großes Kastanienfest gefeiert.

DEZEMBER

▶ **Weihnachten**
Vorweihnachtliche Illuminierung
in Funchal. Ein Höhepunkt ist die
Mitternachtsmesse in der Kathedrale von Funchal.

▶ **Silvester / Neujahr**
Riesiges Feuerwerk in Funchal mit
Besuchern aus aller Welt.

Geld

Euro Seit 2002 ist der Euro offizielles Zahlungsmittel. Die Rückseite der
portugiesischen Euromünzen zieren drei Siegel des Gründers des
portugiesischen Reiches, König Afonso Henriques, aus dem 12. Jahrhundert.
Für die Schweiz als Nichtmitglied der EU gilt ein variabler Wechsel-
kurs von gegenwärtig 1 Euro = 1,18 sfr bzw. 1 sfr = 0,85 Euro.

Banken Schalterstunden sind Mo.–Fr. 8.30–17.00 Uhr. Viele Banken
schließen über Mittag zwischen 12.30 und 14.00 Uhr.

Geldautomaten,
Kreditkarten Die einfachste Art, an Bargeld zu kommen, sind Geldautomaten
(»Multibanco«), die mit mehrsprachigen Bedienungshinweisen ausgestattet sind. Hier kann man mit
allen gängigen Kreditkarten (relativ
teuer) oder der Bankkarte (ehem.
EC-Karte) jeweils in Verbindung
mit der Geheimnummer Geld abheben. Beim Abheben mit Bank-
karten muss vorher ein Betrag von
der Bank freigeschaltet werden.
Banken, größere Hotels, Restaurants der gehobenen Kategorie,
Autovermieter sowie einige große Einzelhandelsgeschäfte akzeptieren
auch die international gängigen Kreditkarten. Verbreitet sind Visa
und Eurocard, seltener sind American Express und Diners Club.

? WUSSTEN SIE SCHON …?

■ In Deutschland gibt es eine einheitliche
Notrufnummer: Unter Tel. 116 116 (aus dem
Ausland mit Vorwahl 0049) kann man Bank-
und Kreditkarten, Krankenkassenkarten und
Mobiltelefone sperren lassen.

Gesundheit

Die medizinische Versorgung ist überall auf Madeira ausreichend, **Medizinische** Krankenhäuser gibt es jedoch nur in der Hauptstadt Funchal. Größe- **Versorgung** ren Hotels haben meist einen eigenen Arzt, der im Zweifelsfall schnell vor Ort ist; jedes kleinere Hotel, jede Pension oder die Tou- risteninformation helfen im Krankheitsfall mit Auskünften weiter. Ansonsten gibt es in fast allen Ortschaften außerhalb von Funchal Gesundheitszentren (Centro de Saúde), denen meistens auch eine Notfallstation angegliedert ist.

Apotheken (farmácias) erkennt man an einem grün-weißen Schild **Apotheken** mit einem Kreuz oder einer Aeskulapnatter. Man erhält dort alle in Portugal hergestellten Arzneimittel, aber auch sehr viele ausländische Präparate. Nur spezielle Medikamente sollte man im Bedarfsfall mit sich führen. In der Regel sind die Apotheken Mo. – Fr. 9.00 – 13.00 und 15.00 – 18.00 Uhr, Sa. 9.00 – 13.00 Uhr geöffnet. Außerhalb die- ser Öffnungszeiten weist normalerweise ein Aushang auf die An- schrift der nächstgelegenen Apotheke hin, die Bereitschaftsdienst hat. In Orten mit nur einer Apotheke hängt mitunter auch eine Telefon- nummer aus, über die man in dringenden Fällen den Dienst haben- den Apotheker erreichen kann.

 ## IM KRANKHEITSFALL

NOTRUF
► **Allgemeiner Notruf**
Tel. 112 (gebührenfrei)

KRANKENHÄUSER IN FUNCHAL
► **Hospital Cruz de Carvalho**
Av. Luís de Camões
Tel. 291 705 600 (nahe Hotelzone)

► **Clínica de Santa Luzia**
Rua da Torrinha, 5
Tel. 291 200 000, 24-Std.-Ambul.

► **Clínica da Sé**
Rua dos Murças, 42
Tel. 291 207 676
24-Stunden-Ambulanz; verschiedene auch engl.- und deutschsprachige Fachärzte und Zahnärzte

IN CANIÇO
► **Dr. Pierre Curado**
Rua Bartolomeu Perestrelo, A-1-A
Caniço de Baixo
Tel. 291 932 218, 965 07 51 00
Deutschsprachiger Inter-
nist, in Hamburg ausgebildet

► **Dr. Walter Bannasch**
Mobiltel. 914 970 868
Deutscher Arzt ohne eigene
Praxis, arbeitet mit der Poliklinik
Caniço und der Klinik Santa
Catarina Funchal zusammen,
macht auch Hausbesuche.

AUF PORTO SANTO
► **Centro de Saúde Porto Santo**
Rua Dr. José Diamantino Lima
Tel. 291 980 060

Mit einem solchen Schiff segelte Kolumbus nach Amerika – mit dem Nachbau in See zu stechen macht kleinen und großen Kindern Spaß.

Mit Kindern unterwegs

Vergnügliches für Groß und Klein

Madeira hat auch für Familien mit Kindern einiges zu bieten: **Leichte Levadawanderungen**, die durch interessante Landschaften führen – über Hochebenen, durch Schluchten und vorbei an Wasserfällen – sind für etwas größere Kinder ein Erlebnis. Für **Badevergnügen** auf Madeira sorgen die verschiedenen Meeresschwimmbäder, allen voran die größeren in Porto Moniz und in Funchal der »Complexo Balnear« (Lido) und der »Complexo Balnear da Ponta Gorda«, die Kinderbecken haben. Auch die meisten Hotels besitzen ein Schwimmbad, oft mit Kinderbecken. Hinzu kommt das benachbarte Porto Santo mit seinem kilometerlangen Sandstrand. Aufregend für kleine und große Kinder ist eine **Ausflugsfahrt mit der »Santa Maria«**, einem Nachbau des Segelschiffs, mit dem Christoph Kolumbus nach Amerika segelte. Die Fahrt startet in Funchals Hafen und geht an der westlichen Küste entlang.

Als Besichtigungsprogramm eignen sich für Kinder beispielsweise der **Vogelpark** im Botanischen Garten, die **Grotten in São Vicente** oder eine **Seilbahnfahrt** von Funchal hinauf nach Monte. Besonders Mutige wagen sicher gern den Aufstieg mit dem großen Ballon in Funchals Hafen (▶ Baedeker-Tipp, S. 138). Technisch interessierte Kinder finden im **Museu da Electricidade** in Funchal ein Betätigungsfeld: Dort kann man an verschiedenen Geräten mit allen möglichen

Hebeln und Schaltern diverse Phänomene der Elektrizität kennen lernen. Beliebt sind auch das **Walmuseum** in Caniçal, das **Ethnografische Museum** in Ribeira Brava sowie das **Centro de Ciência Viva** und das **Aquarium** in Porto Moniz. Außerdem bieten auch einige Hotels während der Ferienzeit spezielle Kinderprogramme.

Knigge

Wie alle Südländer legen die Madeirenser einigen Wert auf korrekte Bekleidung. Das gilt **nicht nur beim Restaurantbesuch am Abend**, sondern auch für den Shopping- oder Sightseeing-Bummel. Beim Besuch von Kirchen ist knapper Freizeitlook auf jeden Fall verpönt. Außer am Strand sollten sich Männer nirgends mit nacktem Oberkörper zeigen. Frauen können allenfalls am Hotelpool das Bikinioberteil weglassen, nicht am Strand oder in öffentlichen Bädern.

Korrekte Kleidung

Seinen Tisch sucht man in der Regel selber. Rechnungen in Bars oder Restaurants werden nicht getrennt bezahlt. Hier gilt das Musketier-Motto »Einer für alle«. Geteilt wird erst im Nachhinein oder man revanchiert sich bei der nächsten Getränkerunde bzw. beim folgenden Restaurantbesuch. Die Bezahlung funktioniert folgendermaßen: Der Kellner bringt die Rechnung auf einem Tellerchen. Nachdem er sich entfernt hat, legt man die Kreditkarte oder Geldscheine zur Rechnung. Irgendwann holt der Kellner das Tellerchen wieder ab und bringt es mitsamt dem Wechselgeld zurück. Man lässt ein angemessenes Trinkgeld auf dem Tellerchen zurück, das der Kellner erst holt, wenn die Tischrunde das Lokal verlässt.

Im Restaurant

Die Madeirenser geben sich große Mühe, ihre Gäste auf Englisch oder gar Deutsch zu informieren. Doch wer sich einige Wörter zur Begrüßung wie »bom dia«, also »Guten Tag«, Zimmerreservierung oder Bestellung im Restaurant **auf Portugiesisch** einprägt – auch als Geste der Höflichkeit dem gastgebenden Land gegenüber – kann sich des Wohlwollens seiner Gesprächspartner sicher sein.

»bom dia«

Literaturempfehlungen

Helena Marques: Raquels Töchter. btb Taschenbuch Nr. 72398, Berlin 1999 (nur noch antiquarisch erhältlich)
Helena Marques hat einen Teil ihrer Kindheit und ihre Jugend auf Madeira verlebt. Der Roman, in dessen Mittelpunkt die faszinierende Raquel, die Frau des Arztes Marcos Vaz de Lacerda, und Frauen der

Belletristik

nachfolgenden Generationen stehen, spielt auf Madeira und vermittelt Einblicke in das Leben auf der Insel im 19. Jahrhundert, das Verhältnis von Männern und Frauen und die Beziehungen der Protagonisten zum festländischen Portugal.

Gerhard Roth: Das Labyrinth. S. Fischer, Frankfurt am Main 2005
Der Titel ist Programm: In einem Verwirrspiel zwischen »blühender Wirklichkeit und bleiernem Wahnsinn«, wie Eberhard Falcke in der ZEIT schreibt, sind mehrere Personen unterwegs. Eine davon, Philipp Stourzh, ist an Feuer und am letzten habsburgischen Kaiser interessiert und reist unter anderem nach Madeira ...

Aldo Betschart: Grüsse aus dem Schwalbennest. Eigenverlag Aldo Betschart, 2009
Einen philosophischer Tatsachenroman nennt der junge Schweizer Autor seine tagebuchartigen Aufzeichnungen während des fünfwöchigen »Schreibexils« auf Madeira.

Rita Henss: Blütenwolken, Wein und ewig Frühling. Picus Verlag, Wien 2007.
Ein Porträt der Vulkantochter in 18 Erzählungen

Historisches **Christoph Kolumbus**: Bordbuch. Diederichs, 2006
Für alle, die sich eingehender mit den Entdeckungsreisen von Christoph Kolumbus beschäftigen wollen

Wanderführer **Rolf Goetz**: Madeira, die schönsten Tal- und Höhenwanderungen. Bergverlag Rother, München 2011
50 Wanderungen, solide beschrieben, mit genauer Angabe über Anfahrt, Dauer, Länge, Höhenunterschiede und Einkehrmöglichkeiten

Harald Pittracher: Wandern auf Madeira. DuMont Reiseverlag, Ostfildern 2010
35 Touren (zwei davon auf Porto Santo) mit exakten Karten und Höhenprofilen

Bildmagazin **DuMont Bildatlas**: Madeira. DuMont Reiseverlag, Ostfildern 2011
Die Blumeninsel im Atlantik in Bildern (Holger Leue) und Texten (Rita Henss)

Medien

Rundfunk und Fernsehen Die **Deutsche Welle** ist mit ihrem deutschen Programm auf Madeira über Kurzwelle auf verschiedenen Frequenzen zu empfangen. Von lokalen Sendern und in vielen Hotels werden Teile des DW-Hörfunk- und Fernsehprogramms per Satellit übernommen. Deutschsprachige

Hier treffen zwei Informationsbörsen zusammen – die Zeitung und die Klatschrunde. Was gibt's Neues?

Nachrichten werden laufend ausgestrahlt, dazu aktuelle politische und Sportsendungen sowie ein Reiseservice. Da die Frequenzen wechseln, empfiehlt es sich, vor der Abreise einen aktuellen Sende- und Frequenzplan und ein Programm anzufordern. Auskunft: Technische Beratung der Deutschen Welle, Kurt-Schumacher-Str. 3, 53113 Bonn, Tel. 0228 / 429-0, www.dw-world.de.

Fernsehen

In den meisten Hotels und Appartementanlagen empfängt man **deutsche Programme**. Aktuelle Informationen aus Deutschland bietet auch das Auslandsprogramm der Deutschen Welle TV.
Das **portugiesische Fernsehen** verfügt derzeit über die beiden staatlichen RTP 1 und 2 (Kultur) sowie diverse Privatsender wie SIC oder TVI. Ausländische Filme werden meistens in Originalsprache mit Untertiteln gezeigt.

Zeitungen und Zeitschriften

Deutschsprachige Tageszeitungen und Wochenmagazine erhält man an Zeitschriftenständen und -kiosken in Funchal und in Hotels. Tageszeitungen kommen oft mit eintägiger Verspätung. Interessant für Touristen sind das deutschsprachige »inmadeira« (www.inmadeira. de) sowie die in mehreren Sprachen existierenden »Madeira News« (www.madeira-news.de) und »Madeira Live« (www.madeira-live. com). Letzteres bringt u. a. einen Veranstaltungskalender für zwei Monate, einen etwas abgespeckten Busfahrplan und nützliche Telefonnummern (Taxi, Krankenhäuser, Polizeistationen etc.). Interessant ist auch die Internetzeitung www.madeira-zeitung.de
Madeiras Tageszeitungen sind der »Jornal da Madeira« und der »Diário de Notícias« mit Wetterkarte, Ankunft und Abfahrt der Kreuzfahrtschiffe und nützlichen Telefonnummern.

Notrufe

 ## WICHTIGE NOTRUFNUMMERN

ZENTRALER NOTRUF
▶ **Tel. 112**
Polizei, Feuerwehr, Unfallrettung,
ärztliche Hilfe
(gebührenfreie Nummer)

SONSTIGE
▶ **Küstenwache**
Tel. 291 230 112

▶ **Pannenhilfe**
Tel. 800 290 290

▶ **ACE-Notrufzentrale Stuttgart**
(Krankenrückholdienst)
Tel. 00 49 / 18 02 / 34 35 36

▶ **ADAC Notrufzentrale München**
Tel. 00 49 / 89 / 22 22 22

▶ **Deutsche Rettungsflugwacht Stuttgart**
Tel. 00 49 / 711 / 70 10 70

▶ **DRK-Flugdienst Bonn**
Tel. 00 49 / 228 / 23 00 23

Post · Telekommunikation

Postämter Postämter erkennt man an der Aufschrift »correio« (port. für Post).
Sie haben im Allgemeinen Mo. – Fr. zwischen 9.00 und 12.30 und
zwischen 14.30 und 18.00 Uhr geöffnet. Das Postamt in der Avenida
Zarco im Zentrum von Funchal hat durchgehend Mo. – Fr. 9.00 bis
20.00, Sa. und So. 9.00 – 18.00 Uhr offen.

 ## VORWAHLEN

VON MADEIRA / PORTO SANTO
▶ **nach Deutschland**
Tel. 0049

▶ **nach Österreich**
Tel. 0043

▶ **in die Schweiz**
Tel. 0041
Die Null der nachfolgenden
Ortsnetzkennzahl entfällt jeweils.

NACH MADEIRA / PORTO SANTO
▶ **Von Deutschland, Österreich und der Schweiz**
Tel. 00351
Danach folgt die neunstellige Rufnummer, die auf Madeira und
Porto Santo mit 291 beginnt.

Das Porto für Briefe (cartas) und Postkarten (postais) nach Deutschland, Österreich und in die Schweiz beträgt 0,68 €. Briefmarken (selos) erhält man in Postämtern oder in Geschäften mit dem Schild »CTT Selos«. Briefe und Postkarten sind etwa eine Woche unterwegs. Etwas schneller geht es mit der teureren Expresspost »correio azul«. **Porto**

Fast alle öffentlichen Telefonzellen auf Madeira wurden von Münzen auf Karten umgestellt. Telefonkarten (»Telecom Card« oder »cartão para telefonar«) erhält man in Postämtern oder an Kiosken. **Öffentliche Telefone**

In Ortschaften ist der Empfang gut, in abgelegenen Regionen kann das Benutzen von Mobiltelefonen schwierig sein. Auch hier ist keine Landesvorwahl nötig, sondern nur die 291 vor der Rufnummer. Beim Anruf eines Mobilanschlusses wählt man nur die in der Regel neunstellige Nummer. Die wichtigsten portugiesischen Netzbetreiber sind TMN (Telemovel), Optimus und Vodafone. Auskünfte über den günstigsten Anbieter erhält man bei dem eigenen Netzbetreiber. **Mobiltelefone**

Preise · Vergünstigungen

In Cafés und Bars lässt man ein paar Münzen auf dem Tisch bzw. dem Tresen liegen, im Restaurant sind zwischen 5 und 10 % des Rechnungsbetrags angemessen. Bei den Taxifahrten rundet man den **Trinkgeld**

 WAS KOSTET WIE VIEL?

PREISE IM VERGLEICH

3-Gang-Menü
ab 15 €

Einfache Mahlzeit
ab 7 €

Espresso
ab 1 €

Busfahrt
ab 1,50 €

Einfaches Doppelzimmer
ab 50 €

Glas Bier
ab 2 €

Betrag entsprechend auf. Zimmermädchen, Gepäckträger oder Reiseführer bei Besichtigungstouren freuen sich über ein Trinkgeld zwischen ein und drei Euro.

Reisezeit

Madeira ist ein Ganzjahresziel

Dank ihrer klimatisch günstigen Verhältnisse ist die Insel das ganze Jahr über einen Besuch wert. Selbst im Winter sinken die Temperaturen nur in den höheren Insellagen auf mitteleuropäische Werte, während das Thermometer z. B. in Funchal normalerweise bei wenigstens 18 °C stehen bleibt (▶ Natur und Umwelt, S. 17). Wer wissen möchte, wie warm es auf Madeira gerade ist, kann im Internet unter www.wetteronline.de nachschauen.

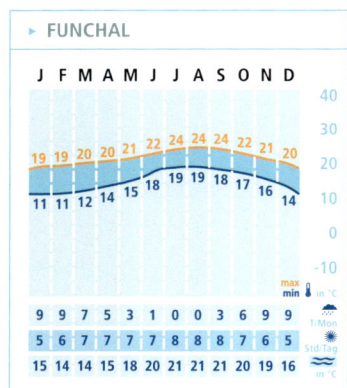

Da Madeira im **Sommer** ein bevorzugtes Reiseziel nicht nur für sonnenhungrige Mitteleuropäer, sondern auch für Portugiesen darstellt, ist die Insel vor allem in den portugiesischen Sommerferien zeitweise recht voll, sie ist aber niemals überlaufen. Trotzdem: Wenn möglich sollte man die Monate Juli und August meiden, was besonders für die Nachbarinsel Porto Santo mit ihrem langen Sandstrand gilt. Hauptsaison ist auf Madeira auch die Woche von **Weihnachten** bis **Neujahr**. In dieser Zeit ist es wieder etwas voller und die Preise sind relativ hoch.

Nebensaison

Etwa von April bis Juni sowie von Ende September bis Anfang November sind die Besucherzahlen deutlich geringer. Eine Reise zu dieser Zeit hat den Vorteil, dass Madeira auch dann in voller Blüte steht und die Sonne noch nicht bzw. nicht mehr so stark ist.

Abgesehen davon, dass **auf Madeira immer Blütezeit ist**, ist es u. U. interessant, was auf der Insel gerade blüht, wenn man da ist. Besonders schön ist z. B. Funchal, wenn im April / Mai Jacarandabäume violett blühen. Straßen und einige Levadas werden im August / September von blühenden Hortensienbüschen und Agapanthus gesäumt. Und Liebhaber von Kamelien sollten im Winter reisen.

Shopping

Im Zentrum von Funchal reiht sich ein Geschäft an das andere – von kleinen Kramläden bis hin zu Modegeschäften der internationalen Ketten findet man hier alles. Vieles unter einem Dach bietet das Einkaufszentrum Santa Quitéria oberhalb von Funchal. Für einen Einkaufsbummel eignet sich auch die Hotelzone im Westen Funchals. **Einkaufen in Funchal**

Darüber hinaus gibt es an zahlreichen Aussichtspunkten auf der Insel große Souvenirläden, die alle ein ähnliches Angebot aufweisen.

Ein sehr beliebtes Reisemitbringsel ist natürlich auch die Madeirawein (►Baedeker Special, S. 70).

Unter den klassischen Souvenirs aus Madeira ragen die herrlichen traditionellen Weißstickereien – fein gestickte Kleidungsstücke und

> **!** *Baedeker* TIPP
>
> **Kastanienlikör und Fenchelbonbons**
> Rings um Curral das Freiras wachsen leckere Esskastanien, aus denen die Einheimischen feine Spezialitäten herstellen: Probieren Sie einmal den berühmten Kastanienlikör. Wer Bonbons mag, kann sich hier zwischen Fenchel- und Eukalyptusbonbons – oder für beides – entscheiden.

Tischwäsche – heraus. Sie sind allerdings nur dann authentisch, wenn sie mit einem **Echtheitszertifikat** versehen sind, das vom Institut für Kunsthandwerk (IBTAM) vergeben wird. Wer dagegen Interesse und Freude an Gobelinstickerei hat, hat die Auswahl unter diversen »Alten Meistern« in gestickter Form.

Zu den eher praktischen Reiseandenken zählen Stiefel aus Ziegenleder (botas), Schafwollmützen mit Ohrenklappen und Jacken aus Schafwolle. Schöne Mitbringsel sind auch diverse Liköre oder ein »brinquinho«, eine Art Schellenbaum (► Kunst und Kultur, S. 46), den es in fast allen Souvenirgeschäften gibt. **Praktisches und anderes**

Ein beliebtes, wenngleich **voluminöses Souvenir sind Korbwaren** aus Camacha. Beim Kauf größerer Produkte – wie z. B. einer kompletten Sitzgarnitur – sorgen die Verkäufer im Café Relógio (► Reiseziele von A bis Z: Camacha) auch für den ordnungsgemäßen Versand per Schiff und übernehmen die Formalitäten.

Beliebte Mitbringsel sind auch **Blumen**, z. B. Strelitzien, Orchideen oder Proteen, erhältlich in Funchal in Blumengeschäften, in größerer Auswahl auf dem Mercado dos Lavradores oder – als letzte Möglichkeit – in einem kleinen Geschäft in der Abflughalle des Flug-

Ein Schellenbaum der besonderen Art

hafens. Orchideen zur Aufzucht werden im Orchideengarten (▶ Reiseziele von A bis Z, Umgebung von Funchal, S. 154) verkauft. Auch Samen in Tüten werden verschiedentlich angeboten.

Briefmarken Madeirensische Briefmarken sind für ihre teils recht großen bunten **Pflanzen- und Tiermotive** bekannt und nicht nur bei ausgesprochenen Philatelisten beliebte Souvenirs. Man erhält sie z. B. in der philatelistischen Abteilung der Hauptpost in Funchal.

Sport & Fun

Das Tourismusbüro in Funchal hält eine Broschüre mit Informationen zu diversen Sportmöglichkeiten bereit.

Angeln, Hochseeangeln Trips zum Hochseeangeln – halb- oder ganztägig – werden von verschiedenen Agenturen am Hafen von Funchal angeboten. Auch die Hotels sind bei der Suche und der Buchung behilflich. Mit etwas Glück kann man bei solchen Touren Delfine und gelegentlich sogar Wale beobachten.

Der Golfplatz von Santo da Serra bietet außer 18 Löchern zudem einen fantastischen Blick auf Madeiras Ostspitze.

Ob Radfahren, Surfen oder Baden – auch Sportskanonen wird es hier nicht langweilig.

Fahrradfahren wird auch auf Madeira allmählich beliebter. Etliche Hotels haben einen Fahrradverleih, ansonsten hilft die Touristeninformation weiter. Madeiras Autofahrer sind nicht unbedingt auf Radfahrer auf der Straße eingestellt. Nachdem jedoch neue Straßen und Tunnels den Durchgangsverkehr anziehen, bietet sich so manche alte Küstenstraße für eine Radtour an, beispielsweise die Strecke zwischen Ponta do Sol und Madalena do Mar. Aufgrund ihrer Topografie ist die Insel allerdings eher ein Terrain für geübte Radsportler. Das flachere Porto Santo ist da besser geeignet: Die 10 km lange Strecke vom Hafen am Sandstrand entlang bis nach Calheta verläuft fast zur Hälfte auf einem eigenen Radweg (▶Baedeker Tipp S. 183). **Fahrradfahren**

Madeira besitzt zwei überaus schön gelegene Golfplätze. Der etwas ältere in Santo da Serra (▶Reiseziele von A – Z, Santo da Serra) in 670 m Höhe ist berühmt für seine Lage und die grandiose Aussicht (S. 84). Entworfen hat die 27-Loch-Anlage Robert Trent Jones. Ein hügeliger 18-Loch-Parcours liegt neben der Quinta do Palheiro oberhalb von Funchal. Seit 2004 hat auch Porto Santo seinen Golfplatz: Der auf Anregung des spanischen Champions Severiano Ballesteros gestaltete Platz mit einem 18-Loch-Parcours sowie einem Pitch-and-Put-Parcours (Flutlicht) liegt zwischen der Capela de São Pedro und der Nordküste. **Golf**

Für erfahrene Biker ist Madeira ein Paradies: Enge, steile, kurvenreiche Straßen, feuchte Tunnels und gelegentliche Nebelbänke, die un- **Motorrad** orthodoxe Fahrweise der Portugiesen und manche Kuh auf der Straße sind eine echte Herausforderung auch für gute Fahrer.

Mountainbiken Nichts für Ungeübte sind auch Mountainbike-Touren auf Madeira. Mindestens tausend Kilometer sollte man schon in den Beinen haben, bevor man sich auf die Strecke begibt oder an geführten Touren teilnimmt. Aber dann sind Spaß und Abenteuer garantiert.

Segeln Anlaufstellen für Segler sind die Marina von Funchal mit Liegeplätzen für etwa 130 Boote, die neuen Jachthäfen von Calheta, Lugar do Baixo östlich von Ponta do Sol und Porto Moniz sowie die Marina von Porto Santo. Wer ein Segelboot mieten möchte, muss einen Segelschein haben, Auskünfte erteilen die Touristeninformationen.

Surfen und Wellenreiten Zum Surfen ist Madeira wegen der felsigen Küste, der teilweise zu starken Wellen (Nordküste) und dem oft schwachen Wind (Südküste) nur bedingt geeignet. Bessere Bedingungen finden Surfer am Strand von Porto Santo. Geübte Wellenreiter treffen sich hingegen gerne bei Jardim do Mar und Paúl do Mar.

Tauchen Der Atlantische Ozean rund um Madeira und Porto Santo gilt als erlebnisreiches Tauchrevier. Einige Unternehmen haben sich auf Tauchfahrten und den Verleih von Ausrüstungen spezialisiert.

Tennis Alle größeren Hotels haben eigene Tennisplätze mit Ausrüstungsverleih; in manchen Hotels gibt es auch Tennislehrer. Außerdem stehen nicht nur in Funchal öffentliche Tennisplätze zur Verfügung.

Fußball Die Madeirenser sind begeisterte Fußballanhänger. Das Estádio dos Barreiros liegt nördlich der Hotelzone an der Rua do Dr. Pita. In der Superliga von Portugal spielen die beiden Madeirenser Clubs Marítimo Funchal und Nacional Funchal. Aktuelle Spieltermine wissen die Touristeninformation, die Hotelrezeption oder www.weltfussball.de.

Wandern ►S. 100, 114

▶ INFORMATIONEN SPORT

ANGELN

► **'Katherine B' Big Game Fishing**
Mobiltel. 917 599 990
mailbristow@fishmadeira.com
www.fishmadeira.com

► **Nautisantos**
Tel. 291 231 312
www.nautisantosfishing.com

► **Sportfishing Madeira**
Tel. 291 827 017
www.sportfishingmadeira.com

GOLF

► **Santo da Serra**
Santo António da Serra
Tel. 291 550 100, Fax 291 550 105
www.santodaserragolf.com

▶ Palheiro Golf
Rua do Balancal 29
Tel. 291 790 120 Fax 291 792 456
www.palheirogolf.com

▶ Porto Santo Golfe
Sítio da Lapeira de Dentro
Tel. 291 983 777/8
www.portosantogolfe.com

MOTORRADFAHREN
▶ Magosbike
Magoscar (deutschsprachig)
Rua D. Francisco Santana, Caniço
Tel. 291 934 818
Fax 291 934 819
www.magoscar.com

MOUNTAINBIKEN
▶ Rainer Waschkewitz
Rua dos Emigrantes,
Casa F, Caniço
Tel. 917 244 446
Fax 291 936 070
www.madeira-bergziegen.com

PARAGLIDING
▶ Madeira Airbase
Airadventours
Sítio da Achada de Santo Antão,
Arco da Calheta
Tel. (mobil) 964 133 907
hello@airbase.de
www.madeira-paragliding.com

REITEN
▶ Associação Hípica da Madeira
Tel./Fax 291 792 582

▶ Quinta de São Jorge
Tel. 291 552 055

TAUCHEN
▶ Madeira-Divepoint
(deutschsprachig)
Hotel Pestana Carlton Madeira
Tel. 291 239 579, mob. 917 73 63 96
www.madeiradivepoint.com

▶ Madeira Diving Center
(deutschsprachig)
Hotel Galomar, Caniço de Baixo
Tel. / Fax 291 935 588
www.mantadiving.com

TENNIS
▶ Associação de Ténis da Madeira
Tel. 291 228 086

WANDERN
▶ Amigos da Natureza
Tel. 291 220 703
www.naturfreunde-reisen-
madeira.com

▶ Madeira Explorers
Tel. 291 763 701 Fax 291 761 464

Sprache

Portugiesisch wird außer in Portugal auch in Brasilien und in den ehemaligen Kolonien in Afrika gesprochen. An Fremdsprachen wird auf Madeira neben Englisch am ehesten Spanisch, Deutsch und Französisch verstanden. Aufgrund der vielen deutschen Touristen wird in besseren Hotels und Restaurants auch Deutsch gesprochen. Es empfiehlt sich jedoch auf jeden Fall, wenigstens einige Wörter der portugiesischen Sprache zu kennen.

Portugiesisch und andere Sprachen

Aussprache Die Mehrzahl der portugiesischen Wörter wird auf der vorletzten Silbe betont. Im Allgemeinen gilt: Wenn ein Wort auf m, s oder mit den Vokalen a, e, o endet, liegt die Betonung auf der vorletzten Silbe. Endet ein Wort auf l, r, z oder mit einem ã, i oder u, wird die letzte Silbe betont. Akzente markieren abweichende Betonungen. Durch die Tilde (~) wird die Nasalierung von Vokalen bezeichnet.

Portugiesisch Portugiesisch ist romanischen Ursprungs, zudem haben sich noch einige frühere Einflüsse aus keltischer, germanischer und arabischer Zeit erhalten. Das geschriebene Portugiesisch lässt sich schnell als romanische Sprache erkennen und mit Kenntnis des Lateinischen oder anderer romanischer Sprachen u. U. sogar streckenweise verstehen. Dagegen bereitet das gesprochene Portugiesisch im Allgemeinen Schwierigkeiten: Beim Hören entsteht fast der Eindruck, dass man es mit einer slawischen Sprache zu tun hat. Auffällig sind die weiche Aussprache, das Ineinanderfließen einzelner Silben, viele Zischlaute und die Menge an unterschiedlich ausgesprochenen Vokalen. Ein weiteres Merkmal ist die starke Betonung einzelner Silben, was häufig das Verschlucken einer unbetonten Silbe zur Folge hat.

SPRACHFÜHRER PORTUGIESISCH

Auf einen Blick

Ja/Nein	Sim/Não
Frau/Herr	Senhora/Senhor
Vielleicht	Talvez
Bitte	Se faz favor
Danke	Obrigado/Obrigada
Bitte sehr/Gern geschehen	De nada/Não tem de quê
Entschuldigen Sie!/Entschuldige!	Desculpe!/Desculpa!
In Ordnung/Einverstanden!	Está bem/De acordo!
Wann?	Quando?
Wo?	Onde?
Wie bitte?	Como?
Wie viel?	Quanto?
Wohin?	Aonde? Para onde?
Wie spät ist es?	Que horas são?
Ich verstehe Sie nicht.	Não compreendo.
Sprechen Sie Deutsch?	Fala alemão?
Können Sie mir bitte helfen?	Pode ajudar-me, se faz favor?
Ich möchte …	Queria …
Das gefällt mir (nicht).	(Não) Gosto disto.
Haben Sie …?	Tem …?
Wie viel kostet es?	Quanto custa?

Kennenlernen

Guten Morgen/Tag/Abend!	Bom dia!/Boa tarde!/Boa noite!
Hallo! Grüß dich!	Olá!
Wie geht es Ihnen?/Wie geht's?	Como está?/Como vai?
Danke. Und Ihnen/dir?	Bem, obrigado/obrigada. E o senhor/a senhora/você/tu?
Auf Wiedersehen!/Tschüss!/Bis später! Bis zum nächsten Mal!	Adeus!/Até logo!/Até à próxima!

Straßenverkehr

links/rechts	ã esquerda/ã direita
geradeaus	em frente
nah/weit	perto/longe
Bitte, wo ist …?	Se faz favor, onde está …?
Wie weit ist das?	Quantos quilómetros são?
Ich habe eine Panne.	Tenho uma avaria.
Würden Sie mich bis zur nächsten Werkstatt abschleppen?	Pode rebocar-me até à oficina mais próxima?
Gibt es hier in der Nähe eine Werkstatt?	Há alguma oficina aqui perto?
Wo ist bitte die nächste Tankstelle?	Se faz favor, onde ésta a bomba de gasolina mais próxima?
Ich möchte … Liter …	Se faz favor … litros de …
…Normalbenzin/Super/Diesel.	…gasolina normal/súper/gasóleo.
…Bleifrei./ …Verbleit.	…sem chumbo/com chumbo.
…mit …Oktan.	…com …octanas.
Voll tanken, bitte.	Cheio, se faz favor.
Hilfe!	Socorro!
Achtung! Vorsicht!	Atenção! Cuidado!
Rufen Sie schnell …	Chame depressa …
…einen Krankenwagen.	…uma ambulância.
…die Polizei/die Feuerwehr..	…a polícia/os bombeiros.
Es war meine/Ihre Schuld.	A culpa foi minha/sua.
Geben Sie mir bitte Ihren Namen und Ihre Anschrift.	Pode dizer-me o seu nome e o seu endereço, se faz favor?

Essen

Wo gibt es hier …	Pode dizer-me, se faz favor, onde há aqui …
…ein gutes Restaurant?	…um bom restaurante?

…ein nicht zu teures Restaurant?	…um restaurante não muito caro?
…ein typisches Restaurant?	…um restaurante típico?
Gibt es hier eine Bar/ein Café?	Há aqui um bar/um café?
Reservieren Sie uns bitte für heute abend einen Tisch für vier Personen.	Pode reservar-nos para hoje à noite uma mesa para quatro pessoas, se faz favor?
Können Sie mir bitte ... geben?	Pode-me dar ..., se faz favor?
Messer/Gabel/Löffel	faca/garfo/colher
Glas/Teller	copo/prato
Salz	sal
Auf Ihr Wohl!	À sua saúde!
Bezahlen, bitte!	A conta, se faz favor.
Hat es geschmeckt?	Estava bom?
Das Essen war ausgezeichnet.	A comida estava êcelente.

Sopas, Entradas / Suppen, Vorspeisen

Açorda	Brot-und-Knoblauch-Suppe
Caldo verde	Portugiesische Kohlsuppe
Sopa de legumes	Gemüsesuppe
Sopa de peixe	Fischsuppe
Sopa alentejana	Knoblauchsuppe mit Ei
Amêijoas	Herzmuscheln
Azeitonas	Oliven
Caracóis	Schnecken
Espargos frios	kalter Spargel
Melão com presunto	Melone mit Schinken
Pão com manteiga	Brot und Butter
Salada de atum	Thunfischsalat
Salada à portuguesa	gemischter Salat
Sardinhas em azeite	Sardinen in Olivenöl

Peixe e mariscos / Fisch und Meeresfrüchte

Amêijoas ao natural	Herzmuscheln natur
Atum	Thunfisch
Bacalhau com todos	Stockfisch garniert
Bacalhau à bráz	Stockfisch, Bratkartoffeln, Rührei
Caldeirada	Fischeintopf
Camarão grelhado	gegrillte Krabbe
Cataplana	Muscheln, Fisch bzw. Fleisch, Paprika, Zwiebeln, Kartoffeln
Dourada	Goldbrasse
Ensopado de enguias	Aaleintopf
Espadarte	Schwertfisch
Filetes de cherne	Silberbarschfilets

Gambas na grelha .... gegrillte Garnelen
Lagosta cozida .... gekochte Languste
Linguado .... Seezunge
Lulas à sevilhana .... gebackener Tintenfisch
Mêilhões de cebolada .... Miesmuscheln mit Zwiebeln
Pargo .... Seebrasse
Peixe espada .... Degenfisch
Perca .... Barsch
Pescada à portuguesa .... Schellfisch auf portugiesische Art
Salmão .... Lachs
Sardinhas assadas .... gebratene Sardinen

Carne e aves / Fleisch und Geflügel

Bife à portuguesa .... Portugiesisches Rindersteak
Bife de cebolada .... Zwiebelsteak
Bife de peru .... Truthahnsteak
Cabrito .... Zicklein
Carne de porco à Alentejana .... Schweinefleisch mit Herzmu-
                                             scheln
Carne na grelha/Churrasco .... Fleisch vom (Holzkohle-)Grill
Coelho .... Kaninchen
Costeleta de cordeiro .... Lammkotelett
Costeleta de porco .... Schweinekotelett
Escalope de vitela .... Kalbsschnitzel
Espetadas de carne .... Fleischspieße
Fígado de vitela .... Kalbsleber
Frango assado .... gebratenes Hähnchen
Frango na púcara .... Hähnchen im Tontopf
Iscas .... geschmorte Leber
Lebre .... Hase
Leitão assado .... Spanferkelbraten
Lombo de carneiro .... Hammelrücken
Pato .... Ente
Perdiz .... Rebhuhn
Pimentões recheados .... gefüllte Paprikaschoten
Porco assado .... Schweinebraten
Rins .... Nieren
Tripas .... Kutteln

Legumes / Gemüse

Batatas .... Kartoffeln
Beringelas fritas .... gebratene Auberginen
Bróculos .... Brokkoli
Cogumelos .... Pilze

Espargos	Spargel
Espinafres	Spinat
Feijão verde	Schnittbohnen
Pepinos	Gurken

Sobremesa / Nachtisch

Arroz doce	Milchreis
Gelado misto	gemischtes Eis
Leite creme	Karamellpudding
Pêra Helena	Birne Hélène
Pudim flan	Pudding mit Karamellsoße
Sorvete	Fruchteis
Tarte de amêndoa	Mandelkuchen

Lista de bebidas / Getränkekarte

Aguardente de figos	Feigenschnaps
Aguardente velho	alter Weinbrand
Bagaço	Tresterschnaps
Ginjinha	Kirschlikör
Madeira	Madeirawein
Medronho	Erdbeerbaumschnaps
Porto	Portwein
Cerveja/Imperial	Bier/Bier vom Fass
Caneca	großes Bier vom Fass
Vinho branco/Vinho tinto	Weißwein/Rotwein
Vinho verte	leichter Wein mit natürlicher Säure
Água mineral	Mineralwasser
Bica	Espresso
Café (com leite)	Kaffee (mit Milch)
Chá com leite/limão	Tee mit Milch/Zitrone
Galão	Milchkaffee im Glas
Meia de leite	Kaffee mit viel Milch
Garoto	Espresso mit Milch
Laranjada/Sumo de laranja	Orangeade/Orangensaft

Übernachtung

Können Sie mir bitte … empfehlen?	Se faz favor, pode recomendarme
…ein gutes Hotel/eine Pension	…um bom hotel?/uma pensão?

Haben Sie noch Zimmer frei?	Ainda tem quartos livres?
ein Einzelzimmer	um quarto individual
ein Doppelzimmer	um quarto de casal
ein Zimmer mit zwei Betten	um quarto con duas camas
mit Bad	com casa de banho
... für eine Nacht.	...para uma noite.
... für eine Woche.	...para uma semana.

Arzt / Bank / Post

Können Sie mir einen guten Arzt emp-fehlen?	Pode indicar-me um bom médi-co?
Ich habe hier Schmerzen.	Dói-me aqui.
Wo ist hier bitte eine Bank?	Onde há aqui um banco?
Briefmarke	selo
Was kostet ...	Quanto custa ...
...ein Brief/eine Postkarte ...	...um postal/uma carta ...
nach Deutschland?	para a Alemanha?
Kann ich bei Ihnen ein Fax nach ... schicken?	Posso mandar aqui um fax para ...?

Zahlen

0	zero
1	um, uma
2	dois, duas
3	três
4	quatro
5	cinco
6	seis
7	sete
8	oito
9	nove
10	dez
11	onze
12	doze
13	treze
14	catorze
15	quinze
16	dezasseis
17	dezassete
18	dezoito

19	dezanove
20	vinte
30	trinta
40	quarenta
50	cinquenta
60	sessenta
70	setenta
80	oitenta
90	noventa
100	cem
101	cento e um
200	duzentos
1000	mil
2000	dois mil
1/2	um meio
1/3	um terço
1/4	um quarto

Wochentage

Segunda-feira	Montag
Terça-feira	Dienstag
Quarta-feira	Mittwoch
Quinta-feira	Donnerstag
Sexta-feira	Freitag
Sábado	Sonnabend
Domingo	Sonntag
Feriado	Feiertag

Übernachten

Unterkünfte für alle Ansprüche

Madeira bietet eine reiche Auswahl an Hotels, Pensionen und etwas ausgefalleneren Unterkünften in sog. »quintas«. Bekannt ist es für seine vielen großen **Hotels der gehobenen Kategorie** – rund 17 % aller Unterkünfte auf der Insel sind 5-Sterne-Hotels, ein Viertel sind 4-Sterne-Hotels. Dort ist ein Pauschalarrangement generell günstiger. Individuell Reisende müssen mit höheren Zimmerpreisen rechnen.

Die meisten großen Hotels befinden sich in Funchal und um die Hauptstadt herum. Westlich des Zentrums ist parallel zur Küste entlang der Estrada Monumental eine ausufernde **Hotelzone** mit qualitativ hoch stehender touristischer Infrastruktur entstanden, die nach wie vor erweitert wird. Die Hotels liegen bis zu vier Kilometer außer-

Auf Madeira ist's möglich: Übernachten mitten in einem Blütenmeer.

halb von Funchal. Zum Stadtzentrum gibt es normalerweise einen hoteleigenen Bus-Service. Zudem fahren mehrere Stadtbuslinien die Estrada Monumental entlang bis ins Zentrum.

Individueller sind die kleineren Häuser, die man vor allem in Dörfern findet. Es gibt ein paar meist einfache Pensionen (Pensão), die oft günstige und solide Übernachtungsmöglichkeiten bieten. Eine **Residencial** ist hinsichtlich Preis und Komfort einer guten Pension oder einem kleinen Hotel vergleichbar, eine **Estalagem** ist vom Komfort her noch etwas besser. In Funchal, überwiegend aber in den anderen Inselteilen, kann man in **Quintas** wohnen, meist im 19. Jh. erbaute, in der Regel stilvoll eingerichtete Landsitze. Sie haben oft nur wenige Zimmer und bieten eher eine familiäre Atmosphäre. Auskunft erteilen die ▶ Touristinformationen. **Private Unterkünfte** (quartos) sind selten auf Madeira. Am besten fragt man die Touristeninformation vor Ort. In Funchal gibt es mehrere Hotels und Pensionen mit einer Küche für Selbstversorger.

Madeira hat derzeit keinen Campingplatz: Der Platz von Porto Moniz fiel Modernisierungsmaßnahmen zum Opfer, Ersatz ist geplant. Der Campingplatz auf Porto Santo ist ganzjährig geöffnet.

Außerhalb von Funchal

In der **Hauptreisezeit** (▶ Reisezeit) sollte man möglichst vorab eine Unterkunft reservieren. Die Preise für Doppelzimmer können je nach Saison erheblich differieren. In der Zeit um Weihnachten und Silvester steigen die Preise teilweise sprunghaft an.

Reservierung und Preise

Verkehr

Straßenverkehr

Verkehrs-vorschriften Auf Madeira herrscht – wie im übrigen Portugal auch – grundsätzlich Rechtsverkehr. Innerhalb geschlossener Ortschaften gilt eine Höchstgeschwindigkeit von 50 km/h, außerhalb auf Landstraßen darf man nicht schneller als 90 km/h fahren und auf Schnellstraßen nicht schneller als 100 km/h. Es besteht Anschnallpflicht. Motorradfahrer müssen einen Helm tragen. Telefonieren während der Fahrt ist nur mit einer Freisprecheinrichtung erlaubt. Maximal 0,5 Promille sind zulässig. Außer der Signalweste muss ein Warndreieck im Auto vorhanden sein.

Straßenzustand Für ortsunkundige Autofahrer ist eine defensive und **vorsichtige Fahrweise angeraten**. Viele der alten Straßen auf Madeira sind eng und kurvig und man muss immer mit rasant fahrenden Autofahrern rechnen, die einem auf der eigenen Spur entgegenkommen. Inzwischen sind aber verschiedene schnellere Straßen mit zahlreichen

Die Dusche von oben ersetzt jede Autowäsche.

Tunneln schon entstanden oder im Bau. Im Stadtgebiet von Funchal gibt es die innerstädtische Schnellstraße Via à Cota 40 und die Via à Cota 200, die das Zentrum in vielen Tunneln umfährt.

Straßenkarte

Da die Ausschilderungen oft zu wünschen übrig lassen, empfiehlt sich grundsätzlich eine Straßenkarte, vor allem wegen des umfangreichen Straßenbaus der vergangenen Jahre. Die alten Straßen sind oft sehr schmal und wenn sie zu touristischen Highlights o. ä. führen, muss man mit vielen entgegenkommenden Autos oder Reisebussen rechnen. An besonders engen Stellen sind in der Regel **Ausweichstellen** angelegt. Normalerweise wartet bzw. fährt derjenige

> ## ? WUSSTEN SIE SCHON …?
>
> ■ Wer nach einer Panne oder einem Unfall sein Fahrzeug verlässt, muss eine reflektierende Signalweste anziehen. Prüfen Sie, ob Ihr Mietwagen entsprechend bestückt ist – bei Kontrollen sind sonst 60 € fällig!

zurück, dessen Distanz zum nächsten Ausweichraum geringer ist. An Steigungen muss das aufwärts fahrende Auto zurücksetzen. An vielen Straßen entlang der Steilhänge gibt es leicht **Erdrutsche**. Kleinere **Wasserfälle** regnen an einigen Stellen direkt auf die Straße und in alten Tunneln tropft es öfter aus der Tunneldecke. Wenn Straßen unpassierbar und vorübergehend gesperrt werden, muss man umkehren. Auf eigene Gefahr weiterzufahren, kann lebensgefährlich sein.

Benzin

In und um Funchal gibt es viele Tankstellen, schwieriger ist es im Inselinneren. Die meisten Tankstellen haben bis 22.00 Uhr, manche auch bis 24.00 Uhr geöffnet. Bleifreies Benzin gibt es als »gasolina sem chumbo 95« und »gasolina sem chumbo 98«.

Mietwagen

In Funchal – speziell in der Hotelzone westlich des Zentrums – gibt es verschiedene **lokale und internationale Autovermieter**, in fast allen größeren Ortschaften auf der Insel zumindest einen lokalen Anbieter.

▶ MIETWAGEN

LOKALE ANBIETER

▶ **Rodavante**
Aeroporto da Madeira
Tel. 291 524 718
Fax 291 524 762

Aeroporto do Porto Santo
Tel. 291 982 925

Estr. Monumental, 306
Hotel Florasol, Funchal

Tel. 291 764 361
www.rodavante.com

▶ **Moinho**
Flughafen Porto Santo, Loja 2
Tel. 291 983 260, Fax 291 983 264
www.moinhorentacar.com

▶ **Guerin**
Estr. Monumental 241, Funchal
Tel. 291 764 337, www.guerin.pt

▶ **Magoscar**
Rua Dom Francisco Santana
Tel. 291 934 819
www.magoscar.com

INTERNATIONAL

▶ **Avis**
Tel. (01805) 55 77 55
www.avis.de
Tel. 291 524 392
(Flughafen Funchal)

Tel. 291 764 546
(Largo António Nobre, 164)

Tel. 291 776 369
(Estrada Monumental 284)

▶ **Europcar (InterRent)**
Tel. (01805) 80 00
www.europcar.de
Tel. 291 524 633
(Flughafen Funchal)

▶ **Hertz**
Tel. (01805) 33 35 35
www.hertz.de
Tel. 291 523 040
(Flughafen Funchal)

▶ **Sixt**
Tel. (01805) 25 25 25
www.sixt.de
Tel. 291 523 355
(Flughafen Funchal)

Die Preise für Mietwagen sind relativ günstig. Pro Tag muss man für einen Kleinwagen mit 25 – 35 € plus Mehrwertsteuer rechnen. Erforderlich sind ein Mindestalter von 21 Jahren und ein gültiger Führerschein; gelegentlich wird ein Jahr Fahrpraxis verlangt. Eine Haftpflichtversicherung ist obligatorisch, die Vollkaskoversicherung empfehlenswert. Bei Problemen mit dem Mietwagen wendet man sich an die Verleihfirma, bei Unfällen ruft man in jedem Fall die Polizei.

Taxi Madeiras Taxis sind gelb. Taxifahren ist nicht allzu teuer, man sollte jedoch vor allem in Funchal auf der Hut sein vor den Fantasiepreisen mancher Fahrer. Taxistände findet man u. a. am Platz vor dem Rathaus und am Jardim Municipal an der Avenida Arriaga. Überlandfahrten haben feste Preise, die man auf einer Liste einsehen kann. Da sind auch größere Ausflüge per Taxi interessant. Beispielsweise lässt man sich an einen Ausgangspunkt von Levadawanderungen fahren und zu einer vereinbarten Uhrzeit am Endpunkt wieder abholen.

Öffentlicher Nahverkehr

In Funchal und über Land Der öffentliche Nahverkehr auf Madeira ist einigermaßen gut ausgebaut, das System allerdings recht kompliziert. Der innerstädtische Busverkehr Funchals funktioniert normalerweise gut.
Busse (autocarros) fahren alle Orte auf der Insel an. Allerdings brauchen sie mitunter sehr lange und fahren zu abgelegenen Orten teilweise nur einmal am Tag, sodass man sehr gut planen muss. Insgesamt fahren sechs private Busunternehmen, die alle in Funchal von unterschiedlichen Haltestellen starten – die meisten an der Avenida do Mar. Es gibt **keinen zentralen Busbahnhof**. Innerstädtische Busse

und Überlandbusse haben teilweise dieselben Liniennummern – also immer auch auf das angegebene Fahrtziel achten! Am 25. Dezember und teilweise auch am 31. Dezember ruht der Busverkehr auf fast allen Strecken! Auskünfte über den Busverkehr, Abfahrts- und Fahrpläne erhält man bei den Touristeninformationen (►Auskunft). Im Plan für Funchal sind u. a. die Linien zu den wichtigsten Sehenswürdigkeiten angegeben. Für Fahrten innerhalb Funchals lohnt sich ein 7-Tage-Ticket, wenn man nicht im Zentrum wohnt.

Auf **Porto Santo** fahren vier Buslinien mehrmals täglich von Vila Baleira aus die umliegenden Ortschaften an.

Haltestellen sind in der Regel mit dem Wort »paragem« gekennzeichnet – in abgelegenen Orten muss man mitunter allerdings auch nach anderen Indizien suchen. An den Haltestellen hängen Buspläne mit den jeweiligen Abfahrtzeiten aus – je nach Busunternehmen sind auch nur die Abfahrtzeiten am Startpunkt der Linie angegeben. Man muss dem kommenden Bus ein Zeichen geben, dass man mitfahren möchte, andernfalls hält er eventuell gar nicht.

Bushaltestellen

 ## BUSLINIEN (AUSWAHL)

HORÁRIOS DE FUNCHAL

- ► **www.horariosdofunchal.pt**
- ► **Linien 1, 2, 4 – Eco Linie (linha verde)**
  Innerstädtische Linien inkl. Hotelzone

- ► **Linie 56**
  Funchal – Santana

- ► **Linie 77**
  Funchal – Santo da Serra

- ► **Linie 81**
  Funchal – Curral das Freiras

- ► **Linie 103**
  Funchal – Arco S. Jorge

- ► **Linie 113**
  Funchal – Camacha/Santa Cruz

- ► **Linie 138**
  Funchal – São Jorge

RODOESTE

- ► **www.rodoeste.pt**
- ► **Linie 4**
  Funchal – Ponta do Sol

- ► **Linie 6**
  Funchal – Arco de São Jorge

- ► **Linie 7**
  Funchal – Ribeira Brava

- ► **Linie 8**
  Funchal – Madalena do Mar

- ► **Linie 80**
  Funchal – Porto Moniz via Calheta

- ► **Linie 96**
  Funchal – Corrida, Jardim da Serra

- ► **Linie 115**
  Funchal – Estreito da Calheta

- ► **Linie 123**
  Funchal – Campanário

Wandern

Eldorado für Wanderer

Wer Madeira besucht, sollte wenigstens einmal entlang einer der Levadas (►Baedeker Special, S. 164) wandern. Selbst weit gereiste Wanderer geraten ins Schwärmen über die Einzigartigkeit und Ursprünglichkeit der Landschaft, die man bereits bei einfachen Spaziergängen erleben kann. Levada-Wandertouren sind sehr abwechslungsreich und eignen sich besonders gut, die unterschiedlichen Regionen der Insel abseits der touristischen Highlights kennen zu lernen. Allerdings sind die Wege entlang der Levadas Arbeitswege, also nicht als Wanderwege entstanden – eine Art Wanderkultur hat es auf Madeira wie in den meisten südlichen Ländern nie gegeben. Daher sind Levadawege selten ausgeschildert, oft nicht gut und sicher ausgebaut, führen auch mal an steilen Berghängen entlang oder sind in senkrechte Felswände geschlagen. Dort kann der schmale Steig neben dem Bewässerungskanal fehlen und der weitere Weg wird zu einem Balanceakt auf der Levadamauer! **Schwindelfreiheit** und **Trittsicherheit** sind unabdingbar. Auch der Zustand der Wanderwege kann sich durch Witterung etc. schnell verändern. Schranken sind deutliche Warnzeichen: Es hat auf Wegen hinter solchen einfachen Schranken schon tödliche Abstürze gegeben.

> **!** *Baedeker* TIPP
>
> **Das geht in die Beine**
>
> Ein alter Saumpfad führt vom Aussichtspunkt Eira do Serrado nach Curral das Freiras. Der Weg ist nicht schwierig, aber anstrengend: Über 400 Höhenmeter geht es in steilen Serpentinen abwärts bis zur Straße und darauf weiter bis zum Ortszentrum (hin und zurück ca. 3 Stunden).

Wetter

Bevor man zu Wanderungen ins Gebirge aufbricht, muss man sich unbedingt nach dem zu erwartenden Wetter erkundigen und **Warnungen beherzigen**. Plötzliche Wetterumschwünge können schlichtweg lebensgefährlich werden!

Ausrüstung

Während bei Spaziergängen festes Schuhwerk mit griffiger Sohle genügt, sollte man bei ausgedehnten Levadawanderungen an so nützliche Dinge wie z. B. Regenumhang, wetterfeste Jacke und evtl. Wanderstöcke denken. Während einiger Levadawanderungen passiert man Tunnel, eine Taschenlampe mitzunehmen ist also sinnvoll. Nasse Füße bekommt man schnell beim Überqueren schmaler Wasserläufe. Ein **Wanderführer** und eine **Wanderkarte** sollten Platz im Rucksack finden. Gute Wanderführer sind bei den ► Literaturempfehlungen genannt. Beides wird auch auf Madeira in der Touristeninformation, im Buchhandel und an Kiosken verkauft.

Empfohlene Wanderungen

Die im folgenden Tourenteil beschriebenen Levadawanderungen sind unter normalen Umständen gut zu machen und werden von der Touristeninformation empfohlen. Genaue Wegbeschreibungen findet

Bei einer Levadawanderung trifft man so manches Interessante: Diese muntere Ziege darf aber nicht mitwandern; sie gehört dem Levadawärter, der für diesen Abschnitt verantwortlich ist.

man in guten Wanderführern. In jedem Fall ist es ratsam, sich aktuell in der Touristeninformation über den Zustand der jeweiligen Levada zu erkundigen, da es gelegentlich wetterbedingte Sperrungen gibt. Auf weitere Spaziergänge und Wanderungen wird unter dem jeweiligen Stichwort im Reiseteil von A bis Z hingewiesen. Wer auf Nummer Sicher gehen möchte, kann auch eine der häufig angebotenen geführten Levada-Wanderungen mitmachen.

Zeit

Auf Madeira wie auch auf dem portugiesischen Festland gilt die Westeuropäische Zeit (WEZ = MEZ – 1 Stunde). Da es von Ende März bis Ende Oktober ebenfalls eine Sommerzeit gibt, müssen mitteleuropäische Besucher das ganze Jahr über bei der Ankunft ihre Uhren um eine Stunde zurückstellen.

Madeira und port. Festland

Touren

AUF DIESEN TOUREN LERNEN
SIE DIE GANZE VIELFALT DER
INSEL KENNEN – ENTDECKEN
SIE, WIE EINST CHURCHILL,
IHREN PERSÖNLICHEN
LIEBLINGSORT!

TOUREN DURCH MADEIRA

Diese vier Touren sind eigentlich nichts für Eilige. Lassen Sie sich Zeit für Ausblicke in die herrliche Natur und für Einblicke in das Alltagsleben und die versteckten Schönheiten der Insel.

TOUR 1 **Durch Berge zur Ostspitze**
Liebhaber von Korbflechterei und Walen kommen bei dieser Tour als Erste auf ihre Kosten, in Machico stärkt man sich für die Wanderung zur grandiosen Ostspitze der Insel und bummelt anschließend gemütlich zurück. ▸ **Seite 106**

TOUR 2 **Die Inselmitte – Südküste, Nordküste und Berge**
Tolle Aussichten in alle Richtungen bietet diese Tour vom Cabo Girão an der Südküste, am Encumeada-Pass im Gebirge und bei »As Cabanas« an der Nordküste, garniert mit reizenden Küstenstädtchen, Lavagrotten und einer berühmten Wallfahrtskirche. ▸ **Seite 108**

TOUR 3 **Wilde Nordküste und raues Bergland**
Eine spektakuläre Küstenstraße, von der Natur geformte Lavaschwimmbecken, ein an Schottland gemahnendes Hochland und ein grandioser Gebirgspass sind die Höhepunkte dieser Tour. ▸ **Seite 111**

TOUR 4 **Ans Ende der Insel und über die Berge zurück**
Wie Perlen reihen sich die hübschen Städtchen und Fischerdörfchen an der Südküste entlang auf, das Ende der Alten Welt markiert ein Leuchtturm mit knallroter Spitze. Zurück geht es wieder über grünes Hochland und den herrlichen Gebirgspass. ▸ **Seite 112**

Wandern bei Rabaçal macht auch Kindern Spaß.

Spektakuläre Ostspitze
– die vulkanischen Ursprünge der Insel

Casas de Colmo
Strelitzien vor Strohhäuschenn Santana, das ist Madeira pur.

Porto Moniz
Ponta do Pargo
Seixal
São Vicente
Ponta Delgada
São Jorge
Santana
Boaventura
Faial
© Baedeker
Paúl da Serra
Rabaçal
TOUR 3
Encumeada
▲ Pico Ruivo
Porto da Cruz
Ponta de São Lourenço
Paúl do Mar
TOUR 4
▲ Pico do Arieiro
Caniçal
Jardim do Mar
Calheta
Ribeiro Frio
Machico
Madalena do Mar
Ponta do Sol
TOUR 2
Santo da Serra
Santa Cruz
Ribeira Brava
Monte
Camacha
TOUR 1
Cabo Girão
Câmara de Lobos
Funchal
Caniço

Ribeira Brava
Zu Feiern gibt es immer etwas – eine festlich geschmückte Kirche gehört dazu.

Funchal
Christoph Kolumbus schaut auf das Kreuzfahrtschiffterminal.

Urlaub auf Madeira

Nord- oder Südküste

Nord- oder Südküste, das ist auf Madeira die Frage. Die meisten Urlauber werden sicher in Funchal und Umgebung Quartier beziehen. Hier ist die Auswahl an guten Hotels ebenso groß wie das kulturelle Angebot. Doch wer Erholung und Ruhe sucht, für von Brandung umtoste Felsküsten schwärmt und sich insbesondere auf Wanderungen über die »grüne Perle im Ozean« freut, sollte auch einen Blick auf die Angebote an der Nordküste werfen.

Felsenküste und Hochgebirge

Wer mit dem Begriff Insel automatisch kilometerlangen Sandstrand verbindet, hat auf Madeira Pech und muss noch eine Insel weiter reisen. Porto Santo bietet rund neun Kilometer davon und selbst im Hochsommer, wenn die Portugiesen Ferien machen, ist noch üppig Platz am Strand. Auf Madeira hingegen findet man auf kleinem Raum spektakuläre Felsenküsten, allenfalls Kieselstrände oder Meeresschwimmbecken für begeisterte Badenixen und gemütliche Fischerdörfchen, daneben aber auch grandiose Hochgebirgslandschaften, eine üppig blühende Natur und natürlich als Zentrum die pulsierende Hauptstadt Funchal mit einem weit gefächerten kulturellen Angebot.

Was die vorgeschlagenen Touren betrifft ...

Alle vorgeschlagenen Touren starten und enden in Funchal, man kann aber alle Routen auch an einem Ort zwischendrin beginnen und im Übrigen die meisten vorgeschlagenen Routen miteinander kombinieren. Zu beachten ist, dass die Fahrten zum Teil über kleinere serpentinenreiche Straßen führen und dadurch lange dauern. Die Straßen auf Madeira sind in gutem Zustand, allerdings oft schmal, steil und kurvig. Nebenstrecken sind gelegentlich nicht asphaltiert, sondern gepflastert. Durch neue Tunnels und Schnellstraßen gelangt man inzwischen rasch zu fast allen Punkten der Insel. Fürs Sightseeing wählt man besser die alten Verbindungen, so noch vorhanden.

Tour 1 Durch Berge zur Ostspitze

Start und Ziel: Funchal   **Dauer:** 1 Tag
Länge: 80 km

Diese Tour führt durch die östlichen Bergregionen Madeiras bis hin zur landschaftlich eindrucksvollen Ostspitze der Insel und entlang der Ostküste wieder zurück nach Funchal.

Von ❶ ✶ ✶ **Funchal** geht es über die Straße 102 in Richtung Nordosten. Erstes Ziel ist ❷ ✶ **Camacha**, das Zentrum der Korbflechterei auf Madeira. Die 102 führt dann durch die waldigen Berge weiter

Korbtierzoo
*Camacha ist das Zentrum
der madeirensischen
Korbflechter.*

★★ Ponta de
São Lourenço

Caniçal

★ Santo da Serra

★ Machico

★ Santa Cruz

★ Camacha

★★ Funchal

Caniço

**Relaxen am
Strand**
*Am gemüt-
lichen Strand
von Santa
Cruz kommt
keine Hektik
auf.*

Barocke Pracht
*Die Kirche in Machico
ist ein schönes Beispiel
für diesen Stil.*

nach Norden. Man biegt auf die kleinere 207 ab und fährt durch ein-
same Wälder nach ❸★ **Santo da Serra**. Von hier führt eine Verbin-
dungsstraße zur 108, die sich über zahlreiche Serpentinen aus den
Bergen hinunterschlängelt und nach kurzer Zeit den hübschen
Küstenort ❹★ **Machico** erreicht. Dieses Städtchen war einst Sitz der
Regierung des östlichen Inselteils. Aus dieser Zeit stammt die Pfarrkirche Nossa Senhora da Conceição aus dem Ende des 15. Jh.s mit
bemerkenswerten Holzschnitzereien. In Machico bieten sich die

Lokale im alten Ortskern zwischen der Kirche und der Festung für eine kleine Pause an. Dann geht es weiter in die östlichste Ecke Madeiras: zunächst durch einen Tunnel nach ❺ **Caniçal** mit dem kleinen Walmuseum und von dort weiter bis zum Ende der Straße auf der Ostspitze, der ❻ ✷ ✷ **Ponta de São Lourenço**, die in mehreren Felsblöcken im Meer ausläuft.

Zurück führt der Weg zunächst wieder über Caniçal und Machico und dann weiter über die 101 in Richtung Funchal. Einen Zwischenstopp lohnt ❼ ✷ **Santa Cruz** mit einer beachtenswerten Kirche aus dem 16. Jh. und einem schönen Kiesstrand. Am Flughafen Santa Catarina vorbei kommt man nun nach ❽ **Caniço**, wo ein Abstecher zu der monumentalen Christustatue möglich ist. Im Ort selbst gibt es eine hübsche Barockkirche. Einige Kilometer unterhalb von Caniço liegt an der Küste Caniço de Baixo, eines der Touristenzentren der Insel. Von hier aus sind es nur noch wenige Kilometer in das westlich benachbarte Funchal.

NICHT VERSÄUMEN

- Das Korbflechterzentrum in Camacha
- Ein Bummel durch Machico
- Eine Wanderung an die Ostspitze Madeiras
- Eine Pause am Strand von Santa Cruz

Tour 2 Die Inselmitte – Südküste, Nordküste und Berge

Start und Ziel: Funchal
Länge: 140 km

Dauer: 1 Tag ist möglich ohne längere Besichtigungen, gemütlicher sind 2 Tage mit Übernachtung, z. B. in Boaventura

Diese stramme Tagestour bietet von allem etwas: eine schöne Fahrt entlang der eindrucksvollen Südküste, zwei lebhafte Küstenstädtchen, herrliche Panoramablicke von einer Passhöhe, Lavagrotten und Vulkanismus, gemütliche Strohhütten, die Nordküste mit dramatischen Felsformationen und eine kurvenreiche Fahrt zurück in die Hauptstadt.

Man verlässt ❶ ✷ ✷ **Funchal** in westlicher Richtung auf der prächtige Ausblicke bietenden Küstenstraße 229 und erreicht nach wenigen Kilometern ❷ ✷ **Câmara de Lobos**, einen kleinen, malerisch gelegenen Fischerhafen am Ostfuß des Cabo Girão. Hinter Câmara de Lobos steigt die Straße bergan und entfernt sich in zahlreichen Kurven von der Küste, passiert Estreito de Câmara de Lobos, ein für seinen Wein bekanntes Dorf. Etwa 4 km dahinter zweigt eine Straße links ab zum Aussichtspunkt über dem ❸ ✷ ✷ **Cabo Girão**, einer 589 m senkrecht zum Meer abstürzenden Felswand, die zu den höchsten Steilküsten in Europa zählt. Über die Küstenstraße erreicht

São Vicente
Die Lava hier ist 400 000 Jahre alt.

Faial
Markant erhebt sich der Adlerfelsen über der Ortschaft.

✳ São Jorge

✳ Ponta Delgada

7

8

9

10 ✳ Santana

✳ São Vicente

6

Boaventura

11

Faial

12

Porto da Cruz

▲ Pico Ruivo

5 ✳ Encumeada

Pico do ▲ Arieiro

13

✳ Ribeiro Frio

4

✳ Ribeira Brava

14 ✳ ✳ Monte

✳ ✳ Cabo Girão

3

✳ Câmara de Lobos

2

1 ✳ ✳ **Funchal**

Ribeira Brava
Zugegeben, der Strand ist ein bisschen steinig, aber ansonsten ...

Cabo Girão
Der Blick hinab ist Schwindel erregend.

man schließlich ❹ ✳ **Ribeira Brava** (Achtung: Durch die neue Schnellstraßen-Tunnel-Verbindung gibt es eine Ortsumgehung, also auf die Abbiegemöglichkeit zum Stadtkern achten!), ein lebendiges Städtchen in hübscher Lage an der Mündung des gleichnamigen Flusses. Einen Besuch lohnt die von einem weiß-blau gekachelten Turmdach gekrönte Pfarrkirche São Bento aus dem 16. Jahrhundert. Die 104 nach São Vicente verlässt Ribeira Brava in nördlicher Richtung und führt landeinwärts am Ufer des Flusses Ribeira Brava allmählich bergan durch eine großartige Berglandschaft. Bei Serra de Água muss man sich zwischen der schnelleren und der schöneren Variante entscheiden: Die weitaus schönere und sehr lohnende führt auf der 228 hinauf in eine überwältigende Gebirgslandschaft, über den ❺ ✳ **Encumeada-Pass** und wieder hinunter nach ❻ ✳ **São Vicente**; die schnellere führt weiter auf der 104 durch einen ca. 3 km langen Tunnel. São Vicente entwickelte sich vom einfachen Fischerort zu einem touristischen Schmuckstück mit herausgeputztem Ortskern, besuchenswerten Lavagrotten und einem »Zentrum des Vulkanismus« am Ortsrand.

Nun folgt man der Straße 101 in Richtung Osten nach ❼ ✳ **Ponta Delgada**. Ponta Delgada ist ein reizvoll auf einer Landzunge zwischen Zuckerrohrkulturen gelegenes Dorf mit einer Wallfahrtskirche

NICHT VERSÄUMEN

- Blick hinab vom Cabo Girão
- Panoramasicht am Encumeada-Pass
- Lavagrotten von São Vicente
- Casas de Colmo in Santana
- Adlerfelsen von Faial
- Wallfahrtskirche in Monte

in schöner Lage über dem Meer und einem Meerwasserschwimmbecken. Jenseits des Ortes entfernt sich die alte Straße von der Küste, um einen weiten Bogen ins Inselinnere zu beschreiben. Sie passiert nach ca. 2 km das ruhige, hübsche ❽ **Boaventura**; hier wird die Landschaft geprägt von Obstkulturen und Weidenpflanzungen für die Korbflechterei, Hauptabnehmer ist Camacha. An der 101 liegt hinter Arco de São Jorge der Aussichtspunkt »As Cabanas«, von dem sich ein viel gerühmter Blick über die Nordküste bietet. In ❾ ✳ **São Jorge** lohnt die außergewöhnlich prächtige Barockkirche einen Halt. Nach wenigen Kilometern kommt man dann nach ❿ ✳ **Santana**, bekannt für seine strohgedeckten Häuschen, deren Dächer bis auf den Boden reichen. Hinter Santana bietet die Küstenstraße weiterhin schöne Ausblicke und nach kurzer Fahrt ist ⓫ **Faial** erreicht. Es liegt rund 150 m über dem Meer und ist umgeben von Weinterrassen, Zuckerrohr- und Gemüsefeldern. Eine gute Aussicht bietet sich von der Kirchenterrasse. Danach empfiehlt sich ein Abstecher südostwärts nach ⓬ **Porto da Cruz** mit seinem Meerschwimmbecken, vorbei am eigentümlich geformten, 594 m hohen Felsblock Penha de Águia (Adlerfelsen). Zurück in Faial, führt die 103 über ⓭ ✳ **Ribeiro Frio** mit seiner Forellenzucht im Grünen und ⓮ ✳✳ **Monte** mit seiner berühmten Wallfahrtskirche wieder nach Funchal.

Tour 3 Wilde Nordküste und raues Bergland

Start und Ziel: Funchal **Dauer:** 1 Tag
Länge: 120 km

Der Akzent dieser Tour liegt auf den landschaftlichen Schönheiten der Nordküste und der Hochebene im Inselwesten. Daher wird der schnellste Weg von Funchal zur Nordküste beschrieben. Die landschaftlich schöneren, aber viel längeren Alternativstrecken zur Nordküste sollte man nur wählen, wenn man sehr früh aufbricht.

Nebelbilder
Lavafelsen bei Porto Moniz

Felsenbilder
Der Küstenverlauf bei Seixal

4 ✱✱ Porto Moniz

Seixal

3 ✱ São Vicente

2

5

Rabaçal

✱✱ Funchal

1

Landschaftsbilder
Wanderungen bei Rabaçal

Der schnellste Weg an die Nordküste führt von ❶ ✶ ✶ **Funchal** westlich über die tunnelreiche Schnellstraße Via Cota 200 und die 101, die bei Ribeira Brava in die 104 mündet. Auf dieser kommt man – durch den Tunnel – in kurzer Zeit nach ❷ ✶ **São Vicente**.

Von dort verläuft die Küstenstraße 101 nach Westen durch ❸ **Seixal** und Ribeira da Janela nach ❹ ✶ ✶ **Porto Moniz**. Diese Küstenstraße bietet wahrhaft grandiose Landschaftseindrücke. Auch hier gibt es wieder eine schnellere und eine schönere Variante.

In Porto Moniz sollte man ein Bad in den Lavafelsenschwimmbecken nicht versäumen. Von Porto Moniz geht es dann wiederum auf der 101 Richtung Südwesten in Serpentinen an den Berghängen hinauf. Etwa 2 km hinter Santa Madalena biegt man nach links auf die 110, über die man recht schnell auf die Hochebene Paúl da Serra kommt. Bei ❺ **Rabaçal** lohnt sich die anspruchsvollere Wanderung zu den 25 Fontes oder der Spaziergang zum Risco-Wasserfall. Am Encumeada-Pass, mit schönem Blick auf Nord- und Südküste, trifft die 110 auf die 228, die durch duftende Eukalyptuswälder hinunter nach Serra de Água führt. Über die 104 und die 101 kommt man schnell nach Funchal zurück.

NICHT VERSÄUMEN

- Zentrum für Vulkanismus in São Vicente
- Lavafelsenschwimmbad in Porto Moniz
- Wanderung bei Rabaçal

Tour 4 Ans Ende der Insel und über die Berge zurück

Start und Ziel: Funchal **Dauer:** 1 Tag – wenn man früh aufbricht
Länge: 120 km

Diese Tour führt über kleine Dörfer an der Südküste bis zur Westspitze Madeiras und dann über die Hochebene im Inselinnern. Wer nicht ganz bis zur Westspitze fahren möchte, kann gleich die 209, 210 oder 211 hinauf zur Hochebene Paúl da Serra nehmen.

Von ❶ ✶ ✶ **Funchal** geht es nach Westen über die Küstenstraße 101 nach ❷ ✶ **Câmara de Lobos**, wo sich Churchill gerne aufhielt, dann über ❸ ✶ **Ribeira Brava** nach ❹ ✶ **Ponta do Sol**, das eine schöne Uferzeile und eine sehenswerte Kirche besitzt. Westlich von Ponta do Sol liegt das ursprünglich wirkende ❺ **Madalena do Mar**.

Man folgt der Küstenstraße 101 nach ❻ ✶ **Calheta**, einem früheren Zentrum des Zuckerrohranbaus, das heute mit künstlichem Sandstrand lockt. Die Küstenstraße führt in Windungen aufwärts nach Estreito da Calheta, dann zweigt eine Seitenstraße ab nach ❼ ✶ **Jardim do Mar**, dessen Kiesstrände bei einheimischen Surfern wegen

Sandstrand in Calheta
– die Ausnahme von der steinigen Regel

Câmara de Lobos
Churchill hat hier gemalt, man kann aber auch einfach nur bummeln.

9 Ponta do Pargo

10 Rabaçal

8 Paúl do Mar

7 ✳ Jardim do Mar

6 ✳ Calheta

5 Madalena do Mar

4

✳ Ponta do Sol

3

✳ Ribeira Brava

✳ Câmara de Lobos

2

1

✳✳ **Funchal**

Am Ende der Inselwelt
In Ponta do Pargo zeigt der knallrot bemützte Leuchtturm, wo Madeira zu Ende ist.

der starken Wellen sehr beliebt sind. Durch einen Tunnel geht es weiter nach **8 Paúl do Mar**; dahinter verlässt die 223 die Küste und windet sich hinauf zur 101. Nach zahllosen Serpentinen folgt **9 Ponta do Pargo**, dessen Leuchtturm den westlichsten Punkt Madeiras markiert. Weiter in Richtung Porto Moniz zweigt noch weit oberhalb des Ortes die 110 ab. Diese Straße quert die Hochebene Paúl da Serra, vorbei an **10 Rabaçal,** und trifft beim Encumeada-Pass auf die 228, die hinunter ins Tal nach Serra de Água führt. Von geht es über die 104 und die 101 schnell wieder nach Funchal.

✓ **NICHT VERSÄUMEN**

■ Hafen von Câmara de Lobos
■ Sandstrand in Calheta
■ Leuchtturm in Ponta do Pargo

Wandern auf Madeira

Von Funchal ins Socorridos-Tal

Eine ausgesprochen beliebte Wanderung, da man direkt in Funchal oberhalb der Hotelzone startet und ab Pinheiro das Voltas mit dem Stadtbus zurückfahren kann. Allerdings führt die Wanderung an der Levada dos Piornais und an der Levada do Curral entlang zunächst eine ganze Zeit lang durch das Stadtgebiet, dann aber wird es landschaftlich immer schöner. Es gibt Stellen, die zwar gesichert sind, wo Schwindelfreiheit aber kein Nachteil ist. Gesamtzeit vier bis fünf Stunden.

Entlang der Levada dos Tornos

Diese Wanderung führt durch eine bergige Region nordöstlich von Funchal, Ausgangs- und Endpunkt sind gut mit Stadtbussen zu erreichen. Von Curral dos Romeiros östlich von Monte geht es in knapp 2 Stunden an der von Agapanthus bewachsenen Levada dos Tornos entlang nach São João de Latrão oder noch ein kleines Stück weiter nach Palheiro Ferreiro. Unentwegte, die diese Wanderung ausdehnen möchten, können von Monte bis nach Camacha wandern; das dauert dann insgesamt etwa 5 Stunden. Die Strecke von Curral dos Romeiros nach São João de Latrão ist ein Teilabschnitt dieser größeren Strecke.

Vom Pico do Arieiro zum Pico Ruivo

Eine sehr lohnende, anspruchsvolle Wanderung in der höchsten Region in der Inselmitte, die durch das Hochgebirge vom Pico do Arieiro zum Pico Ruivo führt und ungefähr vier Stunden dauert. Der Weg ist ausgeschildert, teilweise aber nicht gut gesichert. Die Höhenunterschiede belaufen sich auf ca. 900 m im An- und Abstieg. Die Zufahrt ist nur mit einem Pkw oder Taxi möglich, weil es keine Linienbusse hinauf zum Pico do Arieiro gibt. Da hin und wieder Erdrutsche vorkommen, sollte man vorab unbedingt nachfragen, ob der Weg aktuell frei ist und wie die Wetterprognosen aussehen. Bei Redaktionsschluss war der Weg gerade längerfristig gesperrt.

! *Baedeker* TIPP

Amigos da Natureza

Regelmäßig starten die »Amigos da Natureza«, die »Naturfreunde« Madeiras, zu anspruchsvollen Wanderungen, Gäste sind ihnen dabei gerne und kostenlos willkommen (Kontakt: Virgilio Hobrega, Tel: 291 236 881 (privat) und 291 237 627 (dienstlich).

Von Camacha nach Santo da Serra

Eine beliebte und nicht besonders anstrengende Wanderung, deren Ausgangspunkt in Camacha und deren Endpunkt Sítio das Quatro Estradas gut per Bus von Funchal aus zu erreichen sind; da die Busse nicht allzu oft fahren, sollte man sich vorab genau nach den Fahrtzeiten erkundigen. Die Wanderung durch eine hübsche Terrassenlandschaft bietet immer wieder schöne Blicke auf die Ostseite der Insel. Der Weg überwindet Steigungen und Abstiege von rund 150 m, außerdem setzt er an einigen Stellen Schwindelfreiheit voraus und dauert insgesamt etwa 4,5 Stunden.

Von Ribeiro Frio nach Portela

Diese ca. 10 km lange, etwas anspruchsvollere Wanderung entlang der Levada do Furado und der Levada da Portela dauert ca. 3,5 Stunden, gehört zu den häufig empfohlenen Levadawanderungen und ist in fast jedem Wanderführer beschrieben. Sie zeigt die Schönheit der Vegetation Madeiras in höheren, abgelegeneren Teilen der Insel. Der Weg verläuft an einem Nordhang in etwa 800 m Höhe und führt – meist im Schatten verlaufend – durch einen immergrünen Lorbeerwald mit zahllosen Moos-, Farn- und Flechtenarten. Ein Sonnenschutz ist weniger vonnöten als ein warmer Pullover.

Rundweg bei Ponta do Pargo

Eine 3,5-stündige Wanderung mit herrlichen Landschaftseindrücken im äußersten Westen von Madeira. Die Anfahrt macht man am besten mit dem Pkw. Ausgangs- und Endpunkt ist die Kirche von Ponta do Pargo. Die Tour mit Höhenunterschieden von etwa 200 m führt durch eine helle freundliche Landschaft mit kleinen Wäldchen und Farnhängen, von denen man weite Blicke hinaus aufs Meer hat.

Auf der Hochebene Paúl da Serra

Diese landschaftlich sehr lohnende Wanderung führt über die Hochebene und bietet immer wieder herrliche Blicke auf die Südküste hinunter. Es gibt keine nennenswerten Steigungen oder Hindernisse, allerdings eine kleine Stelle, an der man einen schmalen Wasserlauf auf Steinen überqueren muss. Sonnenschutz ist notwendig, da es auf dem Weg keinen Schatten gibt. Die Levada do Paúl endet in einem Rückhaltebecken, von dem aus das Wasserkraftwerk von Calheta versorgt wird. Ausgangspunkt ist der Parkplatz bei der Cristo-Rei-Statue in einer spitzen Kurve der Straße 209, Endpunkt nach knapp 1,5 Stunden der Parkplatz bei der Kapelle Nossa Senhora de Fátima.

Reiseziele von A bis Z

EINE GRANDIOSE NATUR UND NOCH VIELES MEHR GIBT ES AUF DER »GRÜNEN PERLE IM OZEAN« ZU ENTDECKEN – ERKUNDEN SIE DIE SCHÖNSTEN SEITEN DER BLUMENINSEL.

✳ Calheta

C 2

Höhe: 0 – 230 m ü. d. M.   **Einwohnerzahl:** ca. 5500

Einst war Calheta das Zentrum des Zuckerrohranbaus auf Madeira. An diese Zeit erinnern nur noch die Moinho de Açúcar, eine verfallene Zuckermühle beim Strand, und eine noch in Betrieb befindliche Brennerei, die den Zuckerrohrschnaps Aguardente destilliert.

Calheta liegt im Südwesten Madeiras und ist von Funchal über die gut ausgebaute Straße 101 zu erreichen. Kommt man aus Richtung Funchal, ohne die neue Tunnelverbindung zu nutzen, folgt gleich am Ortseingang ein **Badebereich**, der durch eine Mole vor Atlantikwellen geschütztes Schwimmen ermöglicht. Mit hellem Sand aus Marokko wurde östlich ein **künstlicher Strand** angelegt. Außerdem ist ein Jachthafen entstanden.

Geschichte Calheta zählt zu den **nachweislich ältesten Siedlungen** auf Madeira und erhielt bereits 1502 die Stadtrechte. João Gonçalves Zarco, der Entdecker Madeiras, soll hier große landwirtschaftliche Anbauflächen an seine Kinder vergeben haben. Später besaß Calheta einen eigenen Zollposten für Exportzucker von Madeira. Mit dem Niedergang der madeirensischen Zuckerindustrie verlor auch Calheta an Bedeutung.

Der feine Sandstrand wurde künstlich angelegt, die Molen halten größere Wellen ab.

► CALHETA ERLEBEN

ESSEN

► Erschwinglich

Convento das Vinhas
Sítio do Convento, Calheta
Tel. 291 822 164
Am Hang Richtung Estrela. Rustikales
Ambiente, tolle Aussicht und Spezialitäten wie Stockfisch aus dem Ofen,
Fischsuppe, Picanha (Rindfleisch) mit
Sauce aus Schwarzbohnen.

A Poita
Lombos, Madalena do Mar
Tel. 291 972 871

Das kleine Restaurant etwas abseits
der Hauptstraße landeinwärts wirkt
ein wenig wie eine Snackbar, serviert
aber Fischgerichte, die zu den besten
in der Region zählen.

ÜBERNACHTEN

► Günstig

Hotel Calheta Beach
Vila da Calheta
Tel. 291 724 264
www.hotelcalhetabeach.com
Wellness und Sport werden hier groß
geschrieben.

Sehenswertes in Calheta

Die Pfarrkirche von Calheta, die in ihren ältesten Teilen bereits um
1430 errichtet und 1639 grundlegend umgebaut wurde, ist normalerweise leider verschlossen. Wer sie geöffnet vorfindet, kann die kunstvoll im **Mudejarstil** gearbeitete Holzdecke des Chores bewundern, eines der schönsten Beispiele der in
Spanien entwickelten orientalischen Ornamentik, die auf Madeira noch erhalten sind (►Kunst und
Kultur S. 43). Beachtung verdient
auch ein von König Manuel I. gestiftetes Tabernakel aus Ebenholz
mit Silbereinlegearbeiten.

✱ **Pfarrkirche**

Neben der Kirche kann man eine
alte **Zuckerfabrik** besichtigen, die
zur Erntezeit im April und Mai in
Betrieb genommen wird, und im
kleinen Probierraum die Produkte
Rum, Aguardente und Zuckersirup

> **!** ***Baedeker* TIPP**
>
> **Entspannungsmassage**
> Nach einem langen Tag in den Wanderschuhen
> oder im Autositz lechzt der Körper nach
> Entspannung. Massagen im eigenen Zimmer
> kann man z.B. im Hotel Atrio in Estreito de
> Calheta genießen (Caminho dos Moinhos, 218,
> Tel. 291 820 400, www.atrio-madeira.com). Die
> Termine müssen vorab gebucht werden.

testen und erwerben. Auch eine kleine Bar gehört zu der Anlage. Die
zweite Zuckermühle am Strand ist nur noch eine Ruine, ihre alten
Arbeitsgeräte sind in einer Art Freilichtmuseum zu sehen.

Etwas oberhalb des Hauptorts Richtung Arco de Calheta balanciert
auf einer zum Atlantik steil abfallenden Klippe das Centro das Artes
– Casa das Mudas. Der moderne Bau aus lavagrauem Stein dient als
Ausstellungs,- Konzert-, und Theaterhaus; eine Tanzcompanie hat

**Centro das Artes
– Casa das Mudas**

hier ihren Sitz. Die Gebäudearchitektur nimmt die terrassierte Landschaft seiner Umgebung auf. (Estr. Simão Gonçalves da Câmara 37, Di.–So. 10.00–18.00 Uhr, www.centrodasartes.com)

Umgebung von Calheta

Madalena do Mar

Der kleine Ort Madalena do Mar hat insofern **historische Bedeutung**, als er eine Gründung von Wladislaw III. von Polen aus dem Jahr 1457 sein soll. Wladislaw III., König von Polen, galt seit der vernichtenden Niederlage in der Schlacht bei Warna 1444 gegen die Türken zwar offiziell als verstorben, soll das Gemetzel jedoch überlebt und fortan unter fremdem Namen gelebt haben. Sein Gelübde, eine Pilgerreise zu unternehmen, brachte ihn auch nach Madeira, wo er von João Gonçalves Zarco umfangreiche Latifundien, darunter den heutigen Ort Madalena do Mar, erhalten haben soll. Bei der Bevölkerung wurde der Fremdling seiner unbekannten Herkunft wegen **Henrique Alemão** (Heinrich der Deutsche) genannt. In der Krypta der kleinen Dorfkirche Santa Catarina ist er angeblich begraben.

Moderne Badeanlage ►

Madalenas Badestelle am westlichen Ortsende, kurz vor dem Tunnel, erhielt ein Lifting mit neuer Snack-Zeile und Sonnenzone aus Beton.

✴ Camacha

C 6

Höhe: ca. 715 m ü. d. M.   **Einwohnerzahl:** ca. 6300

Camacha im östlichen Teil Madeiras steht ganz im Zeichen der Korbflechterei und wird aus diesem Grund im Rahmen von organisierten Bustouren über die Insel angesteuert.

Zentrum der Korbflechterei

Fast jeder der etwa 6300 Einwohner hat in irgendeiner Weise mit diesem Gewerbe zu tun, das seit dem 16. Jh. eine Rolle auf Madeira spielt, vor allem aber durch englische Kaufleute angekurbelt wurde,

 **CAMACHA ERLEBEN**

ESSEN

► Preiswert

Abrigo do Pastor
Tel. 291 922 060
www.abrigodopastor.com
Ein beliebtes, recht uriges Restaurant in den Bergen etwa 5 km nordwestlich an der E 203. Es gibt viel Deftiges wie z. B. Zickleintopf.

ÜBERNACHTEN

► Komfortabel

Estalagem Relógio
im Gebäude des Café Relógio
Tel. 291 922 777
Fax 291 922 415
24 Z.
Modernes, komfortables Haus mit gediegener Einrichtung.

Im Café Relógio kann man Handwerkern bei der Arbeit zusehen.

die sich im 19. Jh. auf Madeira ansiedelten. Die Korbwaren werden zumeist in mühseliger und wenig lukrativer Heimarbeit angefertigt.

Sehenswertes in Camacha

Recht unauffällig sind die schlichten Häuser von Camacha am Largo da Achada, dem zentralen Dorfplatz. In der Platzmitte erinnert eine Gedenktafel an ein Fußballspiel, das 1875 auf Madeira stattfand und Berühmtheit erlangte – es war **das erste Fußballspiel in Portugal** überhaupt. Den Fußball aus England mitgebracht und so die große Tradition des portugiesischen Fußballs begründet hat Harry Hinton.

Zentrum

Am Dorfplatz findet man das berühmte Café Relógio mit dem auffälligen Uhrturm, früher repräsentativer Wohnsitz einer britischen Kaufmannsfamilie. Heute befinden sich hier die Verkaufsräume des **größten Korbwarenexporteurs von Madeira**, dessen Produkte in alle Welt verschickt werden. Die Schauwerkstatt zeigt, wie Körbe, Stühle oder gar komplette Sitzgarnituren geflochten werden. Auch ein ganzer Zoo aus geflochtenem Korb ist zu sehen (Öffnungszeiten: tgl. 9.00 – 18.00 Uhr, Schauwerkstatt nur Mo. – Sa.). 🕐
Neben dem Café Relógio befindet sich ein Aussichtspunkt, von dem man – leider behindert durch die vorgelagerte Straße – in Richtung Südküste und Ilhas Desertas schauen kann.

Café Relógio

◀ Aussichtspunkt

Am gegenüberliegenden Ende des Dorfplatzes kann man sich im Ausstellungsraum der Casa do Povo (Haus des Volkes) über das **Leben in der Region Camacha**, u. a. auch über die Korbflechterei, informieren (Casa do Povo da Camacha, Sítio da Igreja, Tel. 291 922 118).

Casa Etnográfica da Camacha

★ Câmara de Lobos

D 5

Höhe: 0 – 205 m ü. d. M.　　　　**Einwohnerzahl:** ca. 5000

Zu den berühmtesten Besuchern von Câmara de Lobos zählte Winston Churchill, der die Szenerie so reizvoll fand, dass er sie gleich in mehreren Gemälden festhielt.

Bucht der Mönchsrobben

Der Fischereihafen Câmara de Lobos verdankt seinen Namen den Seehunden (port.: »lobos marinhos« = Meerwölfe), speziell den Mönchsrobben (▶Baedeker Special, S. 124), die einst die Bucht bevölkerten. Bereits 1420 von João Gonçalves Zarco gegründet, erhielt der Ort erst 1996 Stadtstatus. Câmara de Lobos war bis vor kurzem das Zentrum der einheimischen Fischerei, vor allem der schwarzen Degenfisch (S.24) wurde hier nachts aus Tiefen von mehr als 800 m geangelt. Er wird indes immer seltener in Madeiras Gewässern. Der zwischen den Booten zum Trocknen aufgespannte Katzenhai wird inzwischen schon importiert, damit das typische Fotomotiv für Touristen bewahrt blieb. Auch mit Blick auf den Fremdenverkehr wurden viele der leerstehenden Häuser im Ort frisch

? WUSSTEN SIE SCHON …?

■ … dass das Hotel Quinta Jardim da Serra einst der Sommersitz des britischen Konsuls Henry Veitch war? Der Schotte handelte im Hauptberuf mit Wein und liebte die Frauen. Zum Besuch forderte er sie angeblich stets mit einer Flagge in »ihrer« jeweiligen Farbe auf. Im Garten der Quinta Jardim da Serra fand er 1857 seine letzte Ruhestätte; seine Frau setzte ihm dort ein Denkmal.

▶ CÂMARA DE LOBOS ERLEBEN

AUSKUNFT

Largo da República (im Rathaus)
Tel. 291 943 470

ESSEN

▶ Erschwinglich

Coral
Pr. da Autonomia, Câmara de Lobos
Tel. 291 098 284
Fisch-Variationen – als Suppe (Caldeirada), Eintopf (Cataplana), gegrillt.

As Vides
Rua da Achada 17
Estreito de Câmara de Lobos
Tel. 291 945 322

In dieser historischen Adega wurden die typischen Rindfleischspieße bereits vor 50 Jahren als Restaurantspezialität serviert – inzwischen gibt es auch Varianten von Huhn und Schwein.

ÜBERNACHTEN

Vila Afonso
Estrada João Gonçalves Zarco 574 B
Estreito Câmara de Lobos
Tel. 291 911 510
www.vilaafonso.com
Landhaus aus dem 17. Jh. auf einem Grundstück mit Reben, Bananenstauden und schönem Garten. 5 Zi., zwei Bungalows mit App., kleiner Pool.

getüncht. Die Weinreben oberhalb des Ortes zählen zu den besten der Insel. Alles in allem macht der Ort heute aber einen recht ärmlichen Eindruck, soziale Spannungen sind auch für Besucher offensichtlich. Câmara de Lobos ist bekannt für eine gut gemixte Poncha (►Praktische Informationen: Essen und Trinken S. 69).

Sehenswertes in Câmara de Lobos

Die freundliche **Altstadt** mit ihren verwinkelten Gassen und Plätzchen zieht sich über einen Felsrücken, der als Ilhéu (Inselchen) bezeichnet wird. Unterhalb des Ilhéu-Felsens führt ein Promenadenweg am Meer entlang.

Schon Churchill genoss diesen Anblick.

Hafen

Unten im Hafen liegen viele bunte Fischerboote, die einst auf der kleinen Werft noch in traditioneller Manier gebaut wurden. Auch der Nachbau des Kolumbus-Schiffes Santa Maria wurde hier Ende der 1990er-Jahre hergestellt; es fuhr danach zur EXPO nach Lissabon und verkehrt heute als Touristenattraktion vom Hafen Funchals aus zu Rundtouren. Den besten Blick über die Hafenbucht hat man von der Stelle oberhalb der Werft, an der einst auch **Winston Churchill** saß und malte; sie ist mit einer Gedenktafel gekennzeichnet. Nordwestlich der Hafenbucht entstanden der neue Badekomplex (Piscinas das Salinas) und eine hübsche Promenade. Auch der Largo da República wurde neu gestaltet.

Capela Nossa Senhora da Conceição

Unten am Hafen steht die äußerlich recht unscheinbare Kapelle Nossa Senhora da Conceição. Sie wurde 1702 an der Stelle der ersten von Zarco auf der Insel errichteten Kapelle erbaut. Auffällig ist der schöne Hochaltar mit reich vergoldeter Holzschnitzerei.

Markthalle

Die Markthalle in der Nähe des Hafens ist nicht so groß wie die in Funchal, man sollte aber ruhig einen Blick hineinwerfen.

Igreja de São Sebastião

Im höher liegenden Westen der Altstadt steht beim nahezu runden Largo da República die Pfarrkirche São Sebastião, die in Teilen noch aus den Jahren um 1430 stammt und damit zu den ältesten Gotteshäusern der Insel gehört. Im 18. Jh. wurde die Kirche barock erneuert und mit prächtigem, teilweise vergoldetem Holzschnitzwerk ausgeschmückt. Die Wände zieren kunstvolle Azulejo-Bilder.

RETTUNG IN SICHT? NACHWUCHS BEI DEN MÖNCHSROBBEN

In einer Bucht von Madeira stießen die ersten Siedler 1419 auf Tausende von Mönchsrobben – portugiesisch »lobos marinhos« – und nannten diese Küste »Câmara do Lobos«. 500 Jahre später hat sich das Bild gründlich gewandelt.

Nicht nur auf dem Madeira-Archipel, sondern auf der ganzen Welt sind die Mönchsrobben vom Aussterben bedroht. Die Regionalregierung von Madeira ergriff 1990 Maßnahmen, um die letzten rund 10 Mönchsrobben zu retten. Und Ende 2001 gab es eine erfreuliche Nachricht von den Ilhas Desertas: **drei Mönchsrobbenbabys** mit einem Gewicht zwischen 15 und 25 kg und einer Länge von 80 bis 90 cm wurden geboren. Dies lässt hoffen, dass wenigstens die mittlerweile gut 30-köpfige Population von Madeira überleben wird.

Stark gefährdet

Insgesamt haben von der vor wenigen Jahrzehnten noch etwa 5000 Tiere zählenden Mittelmeer-Mönchsrobbe, zu der auch die Population im angrenzenden Atlantik gezählt wird, nur gut 300 Exemplare überlebt. Früher wurden die Tiere hauptsächlich **wegen ihres Specks, ihres Fleisches und ihrer Haut**, die zu Leder verarbeitet wurde, getötet. Manche Produkte boten zweifelhaften Nutzen: Robbenleder-Schuhe sollten gegen Gicht helfen, die rechte Flosse einer Mönchsrobbe unterm Kopfkissen gegen Schlaflosigkeit und ein Zelt aus Robbenleder gegen Blitzschlag. Trotzdem war ihr Bestand nie ernsthaft gefährdet. Dafür sorgten erst die Umweltverschmutzung und die intensive Fischerei. Immer noch betrachten Fischer Robben als Konkurrenten, die die Fische wegfressen und die Netze zerstören. Die Robben sterben in den nicht für sie gedachten Fischernetzen und leiden durch die Überfischung an Nahrungsmangel, wie Funde von unterernährten und an Osteoporose verendeten Tieren im Mittelmeer beweisen.

Eine Siesta kann nicht schaden.

Der »Mönch«

Die Mittelmeer-Mönchsrobbe ist eine mittelgroße Robbe. Erwachsene Tiere können bis zu 40 Jahre alt werden und ein Gewicht von bis zu 400 kg sowie eine Länge von bis zu drei Metern erreichen. **Drei Erklärungen gibt es für ihren Namen**: Die Oberseite der Tiere ist einfarbig braun, was an eine Mönchskutte erinnert. Die Männchen entwickeln eine ordentliche Fettschicht am Hals, ein wahres Doppelkinn; wenn sie sich aufrichten, bilden sich am Hals Hautfalten, die der Ordenstracht von Franziskanermönchen ähnelt. Und schließlich unternehmen Mönchsrobben im Gegensatz zu vielen anderen Robbenarten keine Wanderungen, sondern leben am liebsten – wie mönchische Eremiten – an abgelegenen, schwer zugänglichen Orten. Ruhe und Zuflucht suchen sie gerne in Höhlen und Grotten.

Problem Mensch

Die fatale Ortstreue der Mönchsrobben hat auch zur Folge, dass die Tiere durch menschliche Störungen besonders gefährdet sind. Durch die **Verbauung der Küsten** und den **wachsenden Freizeitbetrieb am Wasser** bleibt den Tieren inzwischen kaum noch ein ruhiger Platz, wo sie ihre Jungen aufziehen können. Schon zufällige Begegnungen mit Badenden, Surfern oder Sporttauchern führen schnell dazu, wie Studien einwandfrei ergeben haben, dass die Robben ihre Jungen verlassen und diese dann kläglich eingehen – ebenfalls ein wesentlicher Grund für die Abnahme der Mönchsrobben-Bestände.

Schutzzonen

Um den weiteren Bestand der noch vorhandenen Tiere zu gewährleisten bzw. auszubauen, ließ die Regionalregierung Madeiras 1990 auf den **Ilhas Desertas** eine Schutzzone einrichten. Die Inseln dürfen nur von Wissenschaftlern mit Sondergenehmigung betreten werden und das Gelände wird streng überwacht. Damit sich die Mönchsrobben nicht in Netzen verfangen und dort elendiglich verenden, wurden in allen Küstenbereichen neue Stellnetze verboten und alte entfernt. Inzwischen leben auch vor der zur Ponta de São Lourenço gehörenden Insel Ilhéu dos Desembarcadouros wieder Mönchsrobben.

Im Hafen von Câmara de Lobos: Viel zu tun gibt es nicht in dem kleinen Fischerort.
Bleibt genügend Zeit für ein ausgiebiges Kartenspiel.

Umgebung von Câmara de Lobos

✳
Pico da Torre

Besonders lohnend ist der Blick über die Stadt und die Hafenbucht vom Aussichtsberg Pico da Torre (205 m ü.d.M.) nordöstlich oberhalb der Stadt.

Estreito de
Câmara de Lobos

Estreito de Câmara de Lobos liegt oberhalb von Câmara de Lobos auf ca. 500 m ü. d. M. und ist in erster Linie für seinen ausgezeichneten Wein bekannt. Im Herbst findet alljährlich zur Weinlese ein **mehrtägiges Weinfest** mit folkloristischen Darbietungen und Weinproben statt, das sich zwischenzeitlich zu einer Touristenattraktion entwickelt hat. Lohnend ist ein Besuch auf dem **Sonntagsmarkt** im Ortszentrum, zu dem auch viele Madeirenser kommen.

Quinta Jardim
da Serra

Von Estreito de Câmara de Lobos führt eine Seitenstraße 4 km nördlich zum Hotel Quinta Jardim da Serra (750 m ü.d.M.) mit schöner Aussicht und guten Wandermöglichkeiten.

✳ ✳ Cabo Girão

Eine der
höchsten
Steilküsten
Europas

Etwa 4 km hinter Estreito de Câmara de Lobos zweigt eine Straße links ab zu einem Aussichtspunkt über dem Cabo Girão. Die hier über 580 m senkrecht zur Küste abstürzende Felswand ist eine der höchsten Steilküsten Europas – manche sagen, eine der höchsten der Erde. Bei klarer Sicht erkennt man vom Aussichtspunkt aus in Schwindel erregender Tiefe am Steilhang kleine und kleinste Terrassenfelder. Östlich liegen die Ausläufer von Funchal und Câmara de Lobos. Am Parkplatz sind in der Hauptsaison eine Touristeninforma-

Gut festhalten! Beim Blick vom Cabo Girão fast 600 m tief hinunter kann einem wahrhaft schwindlig werden.

tion und eine **Fotogalerie** mit interessanten historischen Aufnahmen von Madeira geöffnet. Ganz in der Nähe des Cabo Girão verbindet eine ursprünglich als Transportmittel für die Bauern errichtete **Seilbahn** den Ort Rancho mit den Feldern am Küstensaum (Fahrtkosten ca. 5 €).
Ein Stück landeinwärts wurde 1931 die Kirche **Nossa Senhora de Fátima** gebaut, die ähnlich der großen Wallfahrtskirche auf dem portugiesischen Festland mit einem etwas überdimensionalen Versammlungsplatz vor der Kirche ausgestattet ist.

Zum Strand und den Häusern von **Fajã dos Padres** westlich des Cabo Girão gelangt man entweder mit dem Boot oder man benutzt von oben den in die Steilwand gebauten Fahrstuhl.

Boot oder Fahrstuhl

Caniçal

C 8

Höhe: 0 – 50 m ü. d. M.   **Einwohnerzahl:** ca. 2000

Die Geschichte des kleinen Ortes Caniçal an Madeiras Ostküste ist untrennbar mit der des Walfangs verbunden. Heute gehen die Fischer vor allem auf Thunfischfang.

Nach heftigen internationalen Protesten wurde 1981 der Walfang eingestellt, nachdem man hier jährlich immerhin bis zu 300 Tiere gefangen und verarbeitet hatte. Ein gut 200 000 km² großes Seegebiet

Dorf der Walfänger

⏵ CANIÇAL ERLEBEN

ESSEN

▶ Fein & teuer

O Jardim
Palmeira de Baixo
Tel. 291 969 120
Spezialitäten des Hauses sind »bacal-hau com natas« (Kabeljau mit Sahne) und Reis mit Meeresfrüchten.

▶ Preiswert

A Muralha
Rua da Pedra d'Eira
Banda da Silva
Tel. 291 961 468
Schlichte Einrichtung, unspektakuläre Lage, aber frisches, preiswertes Essen, das auch viele Einheimische schätzen.

ist inzwischen zum Meeresnationalpark erklärt worden. Zur wirtschaftlichen Entwicklung der kargen Region ließ die Regierung nach 1981 auf dem Areal der alten Walfangstation eine Freihandelszone mit Handelshafen anlegen. Auch eine neue große (Reparatur-)Werft wurde gebaut sowie ein weitläufiger Badekomplex am westlichen Ende der Promenade.

Sehenswertes in Caniçal

Museu da Baleia (Walmuseum)   Seit 1990 erinnert ein Walfangmuseum an die Vergangenheit des Ortes. Ursprünglich eingerichtet im ehemaligen Büro der Walfänger im Ortszentrum, ist die Sammlung nun in einem modernen Bau am Ortsrand untergebracht, dessen Einweihung für 2011 vorgesehen ist. Bei Redaktionsschluss standen die Öffnungszeiten noch nicht fest. Das Museum bringt Besuchern die Welt der Wale näher und die Bedeutung, die die Meeressäuger für das Leben der Inselbewohner im Laufe der Jahrhunderte hatten; Rua da Pedra d'Eira, Tel. 291 961 858.

❓ WUSSTEN SIE SCHON …?

■ Falls man Schnitzereien aus Walfischknochen angeboten bekommt, sollte man auf jeden Fall daran denken, dass die Einfuhr von Pottwalknochen in Deutschland, Österreich und der Schweiz gemäß dem Washingtoner Artenschutzabkommen grundsätzlich verboten ist.

Östlich von Caniçal steht auf einem Vulkankegel die **Capela da Senhora da Piedade**. Sie ist an jedem dritten Wochenende im September Ziel einer eindrucksvollen **Wasserprozession**. Ein kleines in der Kapelle aufbewahrtes Marienbildnis (16. Jh.), wohl von einem flämischen Meister, wird nach Caniçal getragen und in einer sehr festlichen Bootsprozession entlang der Küste in die Kapelle zurückbegleitet.

Badestrand von Prainha   Am Fuß des Kapellenhügels liegt der bei Einheimischen sehr beliebte kleine Badestrand Prainha, der **einzige natürliche Sandstrand** auf Madeira.

Caniço

D 6/7

Höhe: 25 – 200 m ü. d. M.   **Einwohnerzahl:** ca. 8000

**Die Einwohner leben außer vom Tourismus vor allem vom Gemüse-
und Obstanbau, wovon zahlreiche Treibhäuser rund um den Ort
zeugen.**

Das kleine Städtchen Caniço liegt nur wenige Kilometer östlich von
Funchal an der Straße 101 zu beiden Seiten des gleichnamigen Flüsschens. Der schmale Fluss hatte in der Vergangenheit eine wichtige
Bedeutung: **Er trennte die beiden Verwaltungsbezirke**, in die Madeira aufgeteilt war. Dadurch gab es in Caniço einst zwei Kirchenbezirke
und zwei Kirchen: am linken Flussufer die Heilig-Geist-Kirche, am
rechten die zu Ehren des heiligen Antonius.

**Zwei
Kirchenbezirke**

Sehenswertes in Caniço

An dem mit schönem Basaltmosaik gepflasterten Dorfplatz, beliebter
Treffpunkt der Einheimischen, steht die **Pfarrkirche**, über deren Portal sich der Hinweis befindet, dass sie dem Heiligen Geist und dem
heiligen Antonius geweiht ist – obwohl die Kirchenbezirke schon im
15. Jh. vereint worden waren, ließ man die baufällig gewordenen Kirchen erst im 18. Jh. abreißen und errichtete das heutige Gotteshaus.
Ebenfalls am Dorfplatz steht die **manuelinische Kapelle** Madre de
Deus aus dem 16. Jahrhundert.

**Treffpunkt
Dorfplatz**

Einer der schönsten Kirchtürme Madeiras ist in Caniço zu finden.

▶ CANIÇO ERLEBEN

AUSKUNFT
Caniço de Baixo
Tel. 291 932 919

ESSEN

▶ Erschwinglich

Origens
Estrada Avelino Pinto 64
Canico de Baixo
Tel. 291 936 681
www.restauranteorigens.com
Landestypische Küche mit Mut zum
Ungewöhnlichen wie beispielsweise
Silberbarsch mit Kapern oder Brom-
beercassata als Nachtisch. Große Aus-
wahl an Weinen.

A Lareira
Estrada da Ponta Oliveira 2
Tel. 291 934 494
Regionstypische Gerichte, Fisch – u. a.
Schwarzer Degenfisch mit Banane und
Mandeln – und zahlreiche flambierte
Spezialitäten.

SPORT

Wer die Insel sportlich erkunden will,
kann bei Rainer Waschkewitz Moun-
tainbikes und Rennräder mieten; er
bietet auch entsprechende Touren an.
Bike-Station Madeira Bergziegen,
Galomar-Hotel, Tel. 917 244 446,
www.madeira-bergziegen.de

**Quinta
Splendida**

Am südlichen Dorfrand erstreckt sich die Quinta Splendida, ein ehemaliges Landhaus, das mit viel Geschmack in ein Hotel umgebaut
wurde. Das frühere Herrenhaus ist heute ein mit zahlreichen Anti-
quitäten ausgestattetes **Feinschmeckerlokal**. Sehenswert ist der präch-
tig angelegte Park.

Caniço de Baixo

Etwa 3 km unterhalb von Caniço entwickelte sich Caniço de Baixo
neben Funchal zum wichtigsten und trotzdem nicht überlaufen wirkenden Touristenzentrum Madeiras mit entsprechender Infrastruktur. Die in den Fels gebauten **Meeresbadeanlagen** Rocamar und Galomar mit Tauchmöglichkeit sind nicht nur Hotelgästen, sondern
auch der Öffentlichkeit zugänglich. Eine weitere Bademöglichkeit
gibt es am Ostende des Ortes am kleinen Kieselstrand von Reis Ma-
gos, wo auch Madeirenser gerne hingehen.

**Ponta do
Garajau**

Von Caniço führt südwestlich eine kurvenreiche Straße hinab zur
Ponta do Garajau und der 1927 errichteten mächtigen **Christussta-
tue**. Die Terrasse davor bietet weite Ausblicke bis hinüber in die
Bucht von Funchal.

**Meeres-
nationalpark**

Der Meeresabschnitt vor der Ponta do Garajau zwischen Ponta da
Oliveira (östlich) und São Gonçalo (westlich) steht als »Reserva Na-
tural Parcial do Garajau« unter Naturschutz. In diesem **Taucherpara-
dies** halten sich gerne Zackenbarsche auf und wer einmal einen ele-
ganten Manta durchs Wasser gleiten sehen möchte, sollte vor allem
im Spätsommer hier abtauchen.

★ ★ Curral das Freiras

Höhe: 690 – 990 m ü. d. M.   **Einwohnerzahl:** ca. 1500

Das Tal Curral das Freiras – wörtlich »Stall der Nonnen« – zählt zu den imposantesten Landschaften auf Madeira. Den eindrucksvollsten Blick in diese Landschaft hat man bei der Anfahrt von der Eira do Serrado aus.

Den Namen erhielten Tal wie Ort von den **Nonnen des Klosters Santa Clara in Funchal**, die sich 1566 bei einem Angriff französischer Korsaren hierher zurückzogen. Früher hielt man den fast kreisrunden Curral das Freiras für einen erloschenen Vulkankrater. Neuere Forschungen gehen von einer reinen Erosionserscheinung aus: Der inzwischen im Tal verlaufende Fluss nahm im Laufe der Zeit den weichen Tuffstein mit, die härteren Basaltgesteine der steil aufragenden Felswände blieben stehen.

»Stall der Nonnen«

Auf dem Wege von Funchal nach Curral das Freiras kommt man durch teilweise dichten Eukalyptuswald zur Eira do Serrado (Serrado-Sattel; 1026 m ü.d.M.) am Nordostrand des Pico do Serrado. Un-

★ ★
Blick von der Eira do Serrado

terwegs führt eine Abzweigung rechts zu einem Berghotel (1 km), von dessen Parkplatz führt wiederum ein bequemer, schattiger Waldweg in wenigen Minuten zur Aussichtsplattform hoch über dem Curral-Tal. Der Blick fällt **aus schwindelerregender Höhe** in den tiefen Talkessel. Von hier oben aus kann man, wenn man denn über genügend Kondition und Schwindelfreiheit verfügt, auf einem Fußweg etwa 1,5 Std. abwärts nach Curral das Freiras wandern. Von dort steigt man entweder wieder hinauf oder nimmt im Dorf an der Kirche einen Bus.

Das Tal Curral das Freiras wurde bereits vor dem Korsarenüberfall im Jahr 1566 von Nonnen aus dem Kloster Santa Clara landwirtschaftlich genutzt, das kleine Dorf entstand jedoch erst etwa 200 Jahre später. Im 19. Jh. ließen die Klosterfrauen die Kirche Nossa Senhora

Der Blick von der Eira do Serrado auf Curral das Freiras ist schwindelerregend.

▶ CURRAL DAS FREIRAS ERLEBEN

ESSEN UND ÜBERNACHTEN

► Günstig
Estalagem Eira do Serrado
Beim Aussichtspunkt Eira do Serrado
Tel. 291 724 220,
www.eiradoserrado.com; 25 Z.
Einsam gelegenes, komfortables Berg-
hotel mit Restaurant; Ruhe ist nachts
garantiert, tagsüber touristisch.

FEST
Spezialitäten von Curral das Freiras
sind Kastanien. Ein Kastanienfest
findet alljährlich am 1.11. statt.

do Livramento am Südrand des Dorfzentrums erbauen. Wahrlich beeindruckend ist die **grandiose Landschaft auch aus der Dorfperspek-
tive**. Neben dem Getreide-, Wein- und Früchteanbau – vor allem
Kastanien – spielt der Tourismus eine immer größere Rolle. Um den
Dorfplatz reihen sich Souvenirläden und Cafés.

Faial

B 6

Höhe: ca. 150 m ü.d.M.   **Einwohnerzahl:** ca. 1500

**Das schmucke Städtchen Faial liegt hoch über der Nordostküste in-
mitten fruchtbarer Obst- und Gemüsegärten, wirtschaftlich bedeut-
sam ist auch der Weinbau. Mit seinen gepflegten Häusern zeugt
Faial vom bäuerlichen Wohlstand dieser Region.**

▶ FAIAL ERLEBEN

ESSEN

► Erschwinglich
Esplanada Praça do Engenho
Casas Próximas, Rua da Praia
Porto da Cruz
Tel. 291 563 680
Typische Küche, gute Fischgerichte

ÜBERNACHTEN

► Günstig
Costa Linda
Rua Dr. Abel de Freitas, Porto da Cruz
Tel. 291 560 080, 291 560 089
www.costa-linda.net

13 Kleine, einfache Zimmer, meist mit
Balkon und Meerblick. Nur wenige
Schritte sind es über die Straße zum
Meer und zu den Meerwasserpools,
eine Bushaltestelle ist etwa 200 m
entfernt.

Quinta da Capela
Sítio do Folhadal, Porto da Cruz
Tel. 291 724 236, 291 235 397
www.villasmadeira.com
Historisches Herrenhaus oberhalb des
Hauptortes, fünf antik ausgestattete
Zimmer, schöner Garten.

Ein prominenter Felsblock – der Adlerfelsen bei Faial.
In der Ferne sieht man die Ostspitze von Madeira.

Sehenswertes in Faial und Umgebung

Vom Kirchenvorplatz bietet sich ein schöner Blick auf die Nordküste Madeiras mit dem Hausberg von Faial, dem Adlerfelsen (Penha de Águia, 594 m ü.d.M.), einem isoliert stehenden, fast **kubisch in die Höhe ragenden Felsblock**. Die Bezeichnung Adlerfelsen trägt er, weil hier oben Fischadler nisten. Eine Zeitlang hielt man sie auf Madeira für ausgestorben, erfreulicherweise wurden sie aber wieder gesichtet. **Adlerfelsen**

Die künstlich geschaffene **Lagune** Praia do Faial im Mündungs-bereich des Ribeira São Roque do Faial, mit Umkleidekabinen, Liege-stuhlverleih und Kinderspielplatz, lädt zum Baden ein. **Badespaß**

Ein besonderes Kleinod ist das Fortim do Faial an der Straße nach Santana, ein Verteidigungsposten gegen Seeräuber aus dem 18. Jh., bestückt mit sieben englischen Kanonen. In der kleinen Wehranlage zeigen alte Fotos und Stiche die Insel in früheren Jahren. Von hier oben hat man einen hervorragenden Ausblick. **Fortim do Faial**

Porto da Cruz – von Faial aus östlich jenseits des Adlerfelsens an der Küste gelegen – ist ein hübscher kleiner Ort mit einem **Meeres-schwimmbecken** unten in der Bucht. Weiter oben, neben der Kirche, lockt eine Aussichtsterrasse mit schönem Blick über die Bucht, auf die Reste eines alten Forts auf der vorgelagerten Felskuppe und den Schornstein einer Zuckerfabrik – Porto da Cruz war lange ein **Zent-rum des Zuckerrohranbaus**. **Porto da Cruz**

★★ Funchal

D 5/6

Höhe: 0 – 550 m ü. d. M. **Einwohnerzahl:** ca. 130000

Wie in einem Amphitheater ziehen sich die Häuser der malerisch gelegenen Hauptstadt Madeiras an den Hängen eines bis zu immerhin 1200 m hohen Gebirgszugs hinauf. Hier flaniert man durch Altstadtgassen und am Hafen entlang, besucht Kirchen, Paläste und Museen und bewundert nicht zuletzt die reiche subtropische Vegetation in den herrlichen Gärten. Seinen Namen verdankt Funchal dem wilden Fenchel (port.: funcho), der zu Zeiten der Inselentdeckung die Bucht überzog.

Pulsierendes Zentrum

Funchal ist das pulsierende Zentrum der Insel, etwa die Hälfte der Madeirenser wohnt in der Stadt selbst und im Großraum von Funchal. Die Stadt ist Verwaltungszentrum der Região Autónoma da Madeira, Handels- und Bankenzentrum, Sitz eines römisch-katholischen Bischofs und einer Universität. Der einzige größere Hafen des Archipels befindet sich hier – einst war er wichtiger Stützpunkt im internationalen Transatlantikverkehr, heute dient er in erster Linie als Anlegestelle für Kreuzfahrtschiffe.

Über die gesamte Bucht und die Hänge hinauf erstreckt sich Madeiras Hauptstadt.

FUNCHAL ERLEBEN

AUSKUNFT

***Direcção Regional do Turismo –
Região Autónoma da Madeira***
Avenida M. Arriaga, 18
P-9004-519 Funchal
Tel. 291 211 900
Fax 291 232 151
www.madeiratourism.org
www.turismomadeira.pt

Estrada Monumental (Lido)
Tel. 291 775 254

VERKEHR

Auto fahren ist vor allem in den
Hauptverkehrszeiten kein Vergnügen
und Parkplätze sind rar. Insbesondere
von Funchals Hotelzone aus ist es
besser, mit dem Hotelbus oder dem
orangefarbenen Stadtbus (günstiges
7-Tage-Ticket) in die Stadt zu fahren
und das Zentrum zu Fuß zu erkunden.
Gutes Schuhwerk ist wegen des gelegentlich holprigen und rutschigen
Kopfsteinpflasters anzuraten! Die
meisten Busse halten unten am Hafen
an der Avenida do Mar, dies ist auch
ein guter Ausgangspunkt für einen
Rundgang.

SIGHTSEEING

In einem oben offenen Doppeldecker
wird man zu jeder vollen Stunde
(März–Okt.) oder alle anderthalb
Stunden (Nov.–Feb.) durch Funchal
geschaukelt und auf Deutsch oder
Englisch informiert; Abfahrt ist in der
Avenida do Mar beim Hafen.

CAFES

Grand Café Golden Gate
Avenida Arriaga, 29
Tel. 291 234 383
Sehen und gesehen werden – bei einer
»bica« oder einem Bier. Mittags auch
Lunch-Angebot im ersten Stock.

... und auch draußen sitzt man ganz nett.

Café do Teatro
Avenida Arriaga
Recht elegante Café-Bar unten im
Stadttheater; schöner Innenhof.

ESSEN

► Fein & teuer

① ***Armazém do Sal***
Rua da Alfândega, 135
Tel. 291 241 285
www.armazemdosal.com
Fisch von Oktopus aus dem Ofen bis
zum Bacalhau mit Kräuterkruste, Surf
& Turf, interessante Beilagen.

② ***Restaurante da Forte***
Rua Portão de São Tiago
Tel. 291 215 580
Portugiesische Küche in modernen
Variationen und in romantischem
Ambiente – je nachdem in welchem
der verschiedenen Räumlichkeiten in
der Hafenfestung der Tisch steht.

③ ***Riso***
274 Rua Santa Maria
Tel. 291 280 360
Alles auf der Basis von Reis – die
Palette reicht vom Ziegenkäse-Risotto
bis zum Madeira-Tiramisu. Grandiose
Lage über dem Meer!

▶ Erschwinglich
④ *Café do Museu*
Praça do Município
Tel. 291 281 121
Beliebter Mittagstreff, freundliche
Bedienung. Exzellentes Thunfisch-
carpaccio, vegetarische Lasagne.

Luxus und Nostalgie: Reid's

⑤ *Combatentes*
Rua Ivens, 1
Tel. 291 221 388
Das gepflegte kleine Stadtrestaurant
am Jardim Municipal serviert gute
regionale und internationale Küche.

⑥ *Chalet Vicente*
Estrada Monumental, 238
Tel. 291 765 818
www.chaletvicente.com
Feines Landhausambiente mit Patio
und schönem Garten. Es gibt u.a.
Zickleinbraten. Umfangreiche
Weinkarte.

⑦ *Lareira Portuguesa*
Travessa Doutor Valente, 7
Tel. 291 762 911
Fischorientiertes Restaurant mit ab-
wechslungsreichem Angebot aus ein-
heimischen Zutaten, das sowohl
geschmacklich wie optisch überzeugt.
Umfangreicher Weinkeller.

⑧ *O Portão*
Rua Portão de São Tiago
Tel. 291 221 125
Schlichtes Ambiente, netter Service
und gute Küche auf solidem Niveau.

▶ Preiswert
⑨ *A Bica*
Rua do Hospital Velho, 17
Frisch zubereitete, typische Madeira-
kost, u. a. auch weniger bekannte Gerichte. Gute hausgemachte Desserts.

ÜBERNACHTEN
▶ Luxus
① *Reid's Palace Hotel*
Estrada Monumental, 139
Tel. 291 717 171, Fax 291 717 164
www.reidspalace.com; 169 Z.
Seit gut 115 Jahren ist das legendäre
Reid's die erste Adresse auf Madeira.

② *Hotel Pestana Casino Park*
Rua Imperatriz D. Amélia, 55
Tel. 291 209 100, Fax 291 232 076
www.pestana.com; 373 Z.
Der Betonbau des Architekten Oscar
Niemeyer gehört zu den besten Adres-
sen auf Madeira. Große Zimmer, viele
mit Meerblick; Sport, Unterhaltung.

③ *Estalagem Quinta da Bela Vista*
Caminho do Avista Navios, 4
Tel. 291 706 400, Fax 291 706 401
www.belavistamadeira.com; 89 Z.
Die Quinta in Familienbesitz liegt
oberhalb der Stadt; Blick auf Berge
und Meer (▶Baedeker Special Guide).

▶ Komfortabel
④ *The Vine*
Rua dos Aranhas, 27-A
Tel. 291 009 000, Fax 291 009 001
www.hotelthevine.com
Designhotel, integriert in ein Shop-
pingcenter. 79 Zimmer in eher dunklen Farben. Dachpool und Restaurant; Spa u. a. mit Vinotherapie.

⑤ *Madeira Regency Cliff*
Travessa da Quinta Calaça, 6
Tel. 291 710 700, Fax 291 710 701
www.regency-hotels-resorts.com
Modern eingerichtetes Hotel mit 60
Zimmern direkt überm Meer. Schöne
Restaurant- und Frühstücksterrasse.
Unterhalb des Hotels gibt es ein großes
öffentliches Meerwasserschwimmbad.

⑥ *Quinta Jardins do Lago*
Rua Dr. João Lemos Gomes, 29
São Pedro
Tel. 291 750 100, Fax 291 750 150
www.jardins-lago.pt
40 elegante Zimmer und Suiten in
einer alten Quinta mit schönem
Garten (►Baedeker Special Guide).

► **Günstig**
⑦ *Hotel Residence Conde Carvalhal*
Rua Conde de Carvalhal, 53
Tel. 291 721 403, Fax 291 762 171
www.hotel-residence-conde-carvalhal.
com
Quinta mit modernem Anbau. Einige
Zimmer sind mit Kitchenette ausge-
stattet; manche bieten einen schönen
Blick hinab nach Funchal.

⑧ *Residencial da Mariazinha*
Rua de Santa Maria 155
Tel. 291 220 239
www.residencialmariazinha.com
Kleine Pension, in einem renovierten
Haus in einer Altstadtgasse, viele
Restaurants und Kneipen in der Nähe.

AUSGEHEN

Die Jugend findet man ab Mitternacht
in der Disco »Vespas«, die älteren
Semester freitags und samstags ab
23.00 Uhr in der Disco »O Farol«
(Hotel Pestana Carlton Madeira) oder
im Casino-Nachtclub »Copacabana«.
Jazz live gibts im jam – Jazz & Music
Lounge oder in der Moonlight Bar des
Hotels »Tivoli Ocean Park«.

FEST UND FESTIVAL

Im April wird mit der »Festa da Flôr«,
einem fantastischen Blumenfest, der
Frühling begrüßt.
Im Juni erfreut das Festival do Atlân-
tico mit klassischen Konzerten, Ballett
und Folkloreveranstaltungen.

Farbenpracht beim Blumenfest im Frühjahr

SHOPPING

In der Altstadt von Funchal finden sich
zahlreiche Geschäfte, von internationalen Ketten bis zum Kramladen.
Nördlich der Kathedrale verläuft die
Shoppingmeile Rua do Aljube, die
zum 1883 gegründeten Kaufhaus Ba-
zar do Povo führt. Die Rua Dr. Fernão
Ornelas westlich der Markthalle gehört
ebenfalls zu den wichtigen Einkaufs-
straßen. Diverse Shopping-Center laden zum Bummel ein, z. B. das Marina
Shopping Center am Hafen, das Eden
Mar und das Monumental Lido in der
Hotelzone oberhalb des Lido oder
ganz im Südwesten das Centromar.

Funchal Orientierung

1 Museu Frederico de Freitas
2 Museu Municipal
3 Museu Photographia Vicentes
4 Câmara Municipal
5 Museu de Arte Sacra
6 Madeira Wine Company
7 Teatro Municipal
8 Alfândega Velha
9 Centro Museológico do Açúcar
10 IBTAM

Capela da Encarnação
Museu Henrique e Francisco Franco
Museo do Vinho
Igreja do Colégio
Governo Regional
Mercado
Catedral Sé
Fortaleza São Lourenço
Mercado dos Lavradores
Estadio
Museu de Electricidade
Teleférico Funchal-Monte
Igreja do Socorro
Fortaleza de São Tiago Museu de Arte Contemporânea

Bahia de Funchal

Porto Santo →

Molle da Pontinha

250 m
© Baedeker

Übernachten
1 Reid's Palace Hotel
2 Hotel Pestana Casino Park
3 Estalagem Quinta da Bela Vista
4 The Vine
5 Madeira Regency Cliff
6 Jardins do Lago
7 Hotel Residence Conde Carvalhal
8 Residencial Mariazinha

Essen
1 Armazém do Sal
2 Restaurante da Forte
3 Riso
4 Café do Museu
5 Combatentes
6 Chalet Vicente
7 Lareira Portuguesa
8 O Portão
9 A Bica

Tourismus Der Tourismus konzentriert sich im Westen der Stadt, wo eine regelrechte **Hotelzone** mit meist großen 3- bis 5-Sterne-Hotels entstand. Auch das Abend- und Nachtleben Madeiras spielt sich v. a. in Funchal ab: Casino, Kino und Theater sorgen für Abwechslung.

1497	Funchal wird Hauptstadt von Madeira.
1508	Funchal erhält die Stadtrechte.
1513 / 1514	Das erste Fort wird gebaut und die Kathedrale geweiht.
Ab 1860	Funchal wird Touristenziel des europäischen (Geld-)Adels.
1891	Das Reid's wird eröffnet.
1976	Funchal wird Sitz der Regionalversammlung.

Geschichte Bevor in der Bucht von Funchal eine Siedlung gegründet werden konnte, musste per Brandrodung der Fenchel beseitigt werden. João Gonçalves Zarco erhielt 1450 den westlichen Teil Madeiras und ließ sich zunächst in Câmara de Lobos, später in Funchal nieder. Die Osthälfte Madeiras unterstand der Verwaltung in Machico. 1497 hob König Manuel I. die Zweiteilung der Insel auf und erhob Funchal zur Hauptstadt. Die Geschichte Funchals ist großenteils die Geschichte Madeiras: Die Stadt profitierte vom Zuckerboom und war Hauptumschlagplatz für den Madeirawein – das Stadtwappen zeigt denn auch fünf Zuckerhüte und Weintrauben. Funchal war schon früh und ist bis heute das **Zentrum des madeirensischen Tourismus**.

Kurzbesuch Wer sich nur kurz in Funchal aufhält, sollte zumindest die Gegend um die **Avenida do Mar** und die **Avenida Arriaga**, die **Kathedrale** und die **Markthalle** gesehen haben. Die Touristeninformation befindet sich in der zentralen Avenida Arriaga.

Zwischen Avenida do Mar und Avenida Arriaga

Einen Rundgang durch Funchals Innenstadt beginnt man am besten am Hafen. Hier, wo einst die Schiffe nach Brasilien und Indien Zwischenstation machten, zieht sich die **schöne Seepromenade** Avenida do Mar entlang. Man guckt über den Jachthafen und sieht die großen Kreuzfahrtschiffe liegen. Eine Reihe von Lokalen und Anbieter von Schiffsausflügen sind auf Touristen eingestellt. Im Zuge der Neugestaltung der Uferzone um die Mündungen der kanalisierten Flüsschen Santa Luzia und João Gomes wird es hier Veränderungen geben. Oberhalb des Jachthafens starten die Stadtrundfahrten.

! *Baedeker* TIPP

Madeira-Cocktail

»Prove um Cocktail de produtos regionais no Mercado« heißt es jeweils am ersten Mittwoch im Monat in der Markthalle von Funchal. Zusammen mit der Vereinigung der Barkeeper Madeiras wird zwischen 13 und 14 Uhr ein Cocktail aus regionalen Früchten angeboten.

Highlights *Funchal*

Kathedrale
Die fantastische Zedernholzdecke gehört zu den schönsten in ganz Portugal.
▶ Seite 139

Mercado dos Lavradores
Obst und Gemüse, Fisch und Käse, wohin das Auge blickt.
▶ Seite 144

Seilbahn nach Monte
Aus der gläsernen Kabine der Teleférico bietet sich ein grandioser Panoramablick.
▶ Seite 145, 161

Madeira Wine Company
Hier erfährt man alles über den berühmten Madeirawein.
▶ Seite 143

Museum für sakrale Kunst
Was man für Zucker einst kaufen konnte...
▶ Seite 147

Stickereimuseum
Das staatliche Kunsthandwerksinstitut hat eine beachtliche Sammlung von Madeira-Stickereien zusammengetragen.
▶ Seite 146

Quinta das Cruzes
Das Museum zeigt ein Stück Kulturgeschichte der Insel, der prächtige Garten lockt mit Steinmetzarbeiten und einer Orchideensammlung.
▶ Seite 149

Reid's Palace
Zum Five o'Clock Tea die Krawatte nicht vergessen.
▶ Seite 152, 154

Jardim Botânico
Tropische und subtropische Pflanzenpracht.
▶ Seite 154

Fortaleza de São Lourenço

An der Avenida do Mar steht das **erste Fort Madeiras**, die Fortaleza de São Lourenço, die im 16. Jh. anstelle einer älteren, einfachen Wallanlage errichtet und seither mehrfach umgebaut wurde. Heute residiert hier der Minister der Republik, der Vertreter Portugals auf Madeira. Die mächtige Seefront aus dem 18. Jh. zeigt am Ostturm das portugiesische Wappen mit dem Kreuz des Christusritterordens, portugiesischer Nachfolger des 1317 aufgelösten Tempelritterordens, und zwei Armillarsphären. Diese nautischen Geräte symbolisieren Portugals Zeitalter der Entdeckungen.

Alfândega Velha (Altes Zollamt)

Weiter im Osten steht das alte Zollamt (Alfândega Velha). Vom ursprünglichen Bau des Jahres 1477 ist nur wenig erhalten. Durch ein Erdbeben 1748 fast völlig zerstört, wurde es im 18. Jh. wieder aufgebaut und durch Um- und Ausbauten ergänzt. Die aus früher Zeit erhaltene recht schlichte Türfassung an der Rückseite des Gebäudes (▶S. 49) gilt als **schönes Beispiel manuelinischer Architektur**.

Kathedrale (Sé)

Über die hübsche Fußgängerzone in der Rua João Tavira kommt man zur Kathedrale von Funchal, portugiesisch Sé genannt (von lat. sedes = Sitz, Bischofssitz). Sie wurde 1514 als erste portugiesische Kathedrale in Übersee eingeweiht. Das eher schlichte, fast strenge Äußere ist bestimmt vom Kontrast aus weißem Wandputz und

Die Mudejar-Holzdecke der Sé

dunklem Basalt. Über dem gotischen Hauptportal prangt eine schmuckvolle Rosette, ganz oben erblickt man das **Kreuz des Christusritterordens**, dessen Großmeister König Manuel I. war – dieses Kreuz ziert im Übrigen heute auch die Flagge Madeiras. Den wuchtigen, viereckigen Hauptturm krönt eine in geometrischen Mustern mit Fliesen gedeckte Spitze.

Der Innenraum ist beeindruckend: Der Hauptaltar und die acht Seitenaltäre der dreischiffigen Basilika kamen ebenso wie das Chorgestühl im 16. Jh. aus Flandern und wurden aus den Erlösen des damals so lukrativen Zuckerhandels bezahlt. Besondere Beachtung verdient die prächtige aus dem Holz von Madeirazedern kunstvoll geschnitzte **Decke im Mudejarstil**. Schön sind die **Schlusssteine im Chorgewölbe** mit dem Christusritterkreuz, dem portugiesischen Wappen und der Armillarsphäre (►Fortaleza de São Lourenço) (Öffnungszeiten: 8.00 – 12.00 u.16.00 –18.30 Uhr).

»Die Stadt des Zuckers« Etwas östlich der Kathedrale liegt die Praça de Colombo, deren Mitte ein Pflastermosaik mit dem Stadtwappen Funchals schmückt. Der Núcleo Museológico »A Cidade do Açucar« zeigt wertvollste **kunsthandwerkliche Arbeiten aus der Zeit des Zuckerbooms** im 15. / 16. Jh.; hier zeigt sich, was man mit dem Erlös aus dem Zuckerhandel alles erwerben konnte. Dazu kommen Ausgrabungsfunde aus einem Nebenhaus, das einem flämischen Zuckerhändler gehört und in dem Kolumbus genächtigt haben soll (Öffnungszeiten: Mo. – Fr. 10.00 bis 12.30 und 14.00 – 18.00 Uhr; derzeit geschlossen).

? **WUSSTEN SIE SCHON …?**

■ Der Blumenmarkt neben der Kathedrale besteht seit vielen Jahren. Die Blumenverkäuferinnen sind per Dekret verpflichtet, während ihrer Arbeit die traditionellen Trachten zu tragen.

Avenida Arriaga Westlich der Kathedrale beginnt die nördlich parallel zur Avenida do Mar verlaufende Avenida Arriaga. An der stimmungsvollen Straße im Zentrum, inzwischen teilweise verkehrsberuhigt, stehen kräftig blauviolett blühende Jacarandabäume. An der Kreuzung mit der Avenida Zarco prangt ein Denkmal (1934) zu Ehren des Inselentdeckers João Gonçalves Zarco von Francisco Franco (►Museum, S. 146).

Gegenüber der Fortaleza de São Lourenço und neben der Touristen-information logiert im ehemaligen Franziskanerkloster die Madeira Wine Company, **die bedeutendste und älteste Weinkellerei Madeiras**. Bei Führungen durch das Gebäude (auch auf Deutsch, Gruppen mit Voranmeldung) erhält man Einblick in die Herstellung des Madeiraweins. Krönender Abschluss ist die Möglichkeit, in einer der beiden Probierstuben Wein zu verkosten und natürlich auch zu kaufen. Das angeschlossene kleine Museum zeigt Briefe und Dokumente sowie alte Werkzeuge zur Weinherstellung (Öffnungszeiten: Mo.–Fr. 10.00–18.30, Sa. 10.00–13.00 Uhr; Führungen auf Deutsch: Mo.–Fr. 11.00 Uhr, Sa./So. 10.30 und 14.30 Uhr, vorbuchen über die Website www.madeirawinecompany.com oder Tel. 291 740 110).

★★
Madeira Wine Company

🕐

Nach der Madeira Wine Company folgt der **Stadtgarten**, der 1878 im einstigen Klostergarten mit üppigem tropischem Pflanzenbestand angelegt wurde. Das steinerne Wappen des Ordens findet man im südöstlichen Teil des Stadtgartens, die Statue von Franz von Assisi wurde 1982 zu dessen 800. Geburtstag aufgestellt. Beliebtes Fotomotiv ist der Ententeich mit der Skulptur zweier spielender Jungen. Gegenüber stehen zwei interessante Gebäude: zum einen die Handelskammer, deren Hausfassade blau-weiße **Fliesenbilder mit inseltypischen Motiven** schmücken, zum anderen das 1888 erbaute **Stadt-**

★
Jardim Municipal

Baedeker TIPP

Snack im Park

Etwas versteckt im hinteren Teil des Jardim Municipal bietet das einfache Kioskcafé mit Tischen und Stühlen unter hohen Bäumen ein schattiges Plätzchen. Man kann eine Kleinigkeit essen oder auch nur etwas trinken.

theater (Teatro Municipal), in dem neben Theater- und Filmvorführungen auch Kunstausstellungen und Konzerte stattfinden.

Ein Stück weiter trifft man auf die Weinhandlung **Diogo's Wine Spirits Shop** mit einem kleinen Museum. Der Gründer dieser Weinhandlung trug Bücher, Landkarten und Kupferstiche aus aller Welt mit Bezug auf Christoph Kolumbus zusammen (Öffnungszeiten: Mo.–Fr. 9.30–13.00 und 15.00–19.00, Sa. 9.30–13.00 Uhr).

Museu Cristóvão

🕐

Die Avenida Arriaga mündet in die **Rotunda do Infante**, benannt nach Heinrich dem Seefahrer (► Berühmte Persönlichkeiten), auf dessen Geheiß João Gonçalves Zarco 1419 Madeira erkundete. Das von Francisco Franco geschaffene Denkmal wurde 1947 aufgestellt.

Denkmal für Heinrich den Seefahrer

Östlicher Innenstadtbereich

Eine der schönsten Sehenswürdigkeiten von Funchal ist die Markthalle, der »Mercado dos Lavradores« (Markt der Bauern). Die blau-weißen Fliesenbilder am Haupteingang zeigen u. a. Marktmotive. Innen gruppieren sich die Marktstände mit einer unglaublichen **Fülle**

★★
Markthalle – Mercado dos Lavradores

herrlicher Früchte auf zwei Ebenen um einen weiten Hof, dessen Wände ebenfalls Kachelbilder zieren. Auf der unteren Ebene sind am Freitag- und Samstagmorgen die lokalen Produzenten zugange. In der ersten Etage muss man mit aufdringlichen Verkäufern und überhöhten Preisen rechnen. Der Fischmarkt im östlichen Teil des im typischen Stil der 1930er-Jahre entworfenen Gebäudes bietet vor allem die sehr schmackhaften Degenfische und Thunfische (Öffnungszeiten: Mo.–Fr. 8.00–20.00 Uhr, Sa. 7.00–14.00 Uhr). ⊘

Südlich der Markthalle zum Meer hin folgt die Praça da Autonomia mit einem **Denkmal zur Erinnerung an die Nelkenrevolution 1974** und die damit verbundene Erlangung der Autonomie Madeiras. Am östlichen Ende steht das sehr interessante **Museu da Electricidade**, in dem man einen sehr guten Einblick in die Entwicklung der Elektrizität auf Madeira erhält. Ausgesprochen anschaulich ist ein Modell der Insel, bei dem mit Lämpchen die zunehmende Beleuchtung von 1897 bis 1997 verdeutlicht wird (Öffnungszeiten: tgl. 10.00–12.30 und 14.00–18.00 Uhr). ⊘

Praça da Autonomia

Südöstlich an die Markthalle schließt sich die Altstadt von Funchal an, ein ehemaliges **Fischer- und Handwerkerviertel**, dessen kleine Läden und schmale Gassen teilweise noch recht ärmlich wirken. Mit Hilfe öffentlicher Gelder versucht man die Infrastruktur des Stadtteils zu verbessern. Ein kleiner Bereich ist mit mehreren Restaurants durchaus touristisch ausgerichtet. Ganz im Süden steht die Talstation der Teleférico, der Seilbahn nach Monte.

★ Zona Velha (Altstadt)

◄ Teleférico

Die Praça Almirante Reis wird aufgewertet durch das neue Madeira Story Centre. Das Themenzentrum im ehemaligen Kino Santa Maria und im einstigen Lagerhaus der Landwirtschaftlichen Genossenschaft nimmt den Besucher mit auf eine virtuelle Reise in die Vergangenheit Madeiras und seine Entwicklung bis heute (Öffnungszeiten: tgl. außer am 25. Dezember 10.00–18.00 Uhr). ⊘

◄ Madeira Story Centre

Am östlichen Ende der Zona Velha beschützt die malerische Fortaleza de São Tiago die kleine Hafenbucht des einstigen Fischerviertels. Die Anlage wurde ab 1614 erbaut und 1767 erheblich erweitert. Außer einer kleinen Militärausstellung ist hier das **Museu de Arte Contemporânea** (Museum für zeitgenössische Kunst) untergebracht, das in Wechselausstellungen Werke portugiesischer Maler ab etwa 1960 und ständig die der Malerin Lourdes de Castro zeigt (Öffnungszeiten: Mo.–Sa. 10.00–12.30 und 14.00–17.30 Uhr). ⊘

★ Fortaleza de São Tiago

Ein kleines Stück hinter der Fortaleza de São Tiago steht die Igreja do Socorro (Erlöserkirche) oder auch Santa Maria Mayor, die Pfarrkirche der Altstadt. Ursprünglich im 16. Jh. errichtet und dem hl. Ja-

Igreja do Socorro

← Wie im Paradies – Äpfel und andere Früchte in Hülle und Fülle findet man in der Markthalle von Funchal.

kobus d. J., dem Schutzpatron von Funchal, geweiht, der laut Überlieferung die Stadt 1538 vor der Pest errettete, wurde sie durch das Erdbeben im Jahre 1748 weit gehend zerstört. Das heutige Bauwerk aus dem 18. Jh. ist reichlich mit barockem Bildwerk und Schnitzereien ausgestattet und der Muttergottes geweiht. Gleichwohl findet an jedem 1. Mai eine Prozession zu Ehren des hl. Jakobus statt.

Felsbadeanlage Barreirinha

Die Felsbadeanlage Barreirinha unterhalb der Igreja do Socorro lockt mit Pools, Wasserrutsche, Liegeflächen, Bar und Restaurant.

Weiter nördlich, an der Rua Visconde Anadia, 44, im sog. »Viertel zwischen den Flüssen«, wurde in einigen Räumen des IBTAM (Instituto de Bordados, Tapeçaria e Artesanto da Madeira), des Instituts für Kunsthandwerk von Madeira, ein **Stickereimuseum** eingerichtet. Ausgestellt sind schöne Stickereien, aus dem 19. Jh. z. B. Taufkleider und Kleider von Kindern wohlhabender Madeirenser Familien, aber auch aktuelle Arbeiten (Öffnungszeiten: Mo. – Fr. 10.00 – 12.30 und 14.00 – 17.30 Uhr).

! Baedeker TIPP

Filigrane Schätze

In der Rua Visconde Anadia, 33 / 34 lädt die größte Stickereifabrik Madeiras, Patrício & Gouveia, zu einem Blick auf die viele Arbeit, die hinter den fantastischen Weiß- und Gobelinstickereien steckt. Hier wird deutlich, warum bei Qualität Geiz eben nicht geil ist (Öffnungszeiten: Mo. – Fr. 9.00 – 13.00 und 15.00 – 18.30, Sa. 9.30 – 12.00 Uhr).

Das **Museum Henrique e Francisco Franco** zeigt Arbeiten der beiden Brüder. Francisco Franco begann seine Bildhauerlaufbahn im Umkreis von Rodin in Paris und geriet später in die Kritik wegen seiner Nähe zur Salazar-Diktatur. Sein Bruder Henrique arbeitete als Maler (Öffnungszeiten: Mo. – Fr. 10.00 – 12.30 und 14.00 – 18.00 Uhr).

Nördlich der Avenida Arriaga

Praça do Município

Von der Kathedrale gelangt man nördlich zur Praça do Município, dem dekorativ gepflasterten, brunnengeschmückten **Rathausplatz**, um den sich als architektonisch geschlossenes Ensemble Häuser der Barockzeit gruppieren. Die Ostseite des Platzes nimmt das **Rathaus** (Câmara Municipal) ein, 1758 als Herrensitz der damals reichsten Familie Madeiras, der Grafen de Carvalhal, errichtet und Ende des 19. Jh.s zum Sitz der Stadtverwaltung bestimmt. Die Eingangshalle ist mit barocken Fliesenbildern geschmückt, der Innenhof mit der Skulptur »Leda und Zeus als Schwan«. Der Turm diente u. a. als Ausguck, um eintreffende Handelsschiffe baldmöglichst zu sichten.

An der Nordwestseite steht die leider nur unregelmäßig geöffnete **Igreja do Colégio**, die Kirche des ehemaligen Jesuitenkollegs aus dem 17. Jahrhundert. Der bemerkenswerte Kirchenraum ist reich mit vergoldeten Schnitzereien und Fliesengemälden verziert. Einst

Kostbares aus Gold, Silber und Edelsteinen ist im Museu de Arte Sacra ausgestellt.

Bildungsstätte des Ordens für Söhne reicher Madeirenser, ist das ehemalige Kolleg heute Sitz der Universität von Madeira.

Die südliche Seite des Platzes schließt das ehemalige Bischöfliche Palais (17. Jh.) ab, seit 1955 Museum für sakrale Kunst. Wie wertvoll Zucker einst war, zeigt die außerordentlich **bedeutende Sammlung flämischer Gemälde** des 15. und 16. Jh.s, u. a. von Rogier van der Weyden: Damit wurden Zuckerlieferungen aus Madeira bezahlt. Bemerkenswert sind auch zahlreiche kostbare Stücke aus dem Kirchenschatz der Kathedrale, darunter ein fein gearbeitetes manuelinisches Prozessionskreuz aus vergoldetem Silber (Öffnungszeiten: Di. – Sa. 10.00 – 12.30 und 14.30 – 18.00, So. 10.00 – 13.00 Uhr). Beliebter Treffpunkt bei Kunstfreunden und anderen ist das Café do Museu.

✷✷
Museu de Arte Sacra

> **? WUSSTEN SIE SCHON …?**
>
> ■ Das Gemälde mit dem hl. Joachim und der hl. Anna im Museum für sakrale Kunst stellt angeblich in Wirklichkeit König Wladislaw von Polen, auf Madeira besser bekannt als Heinrich der Deutsche, und seine Frau dar.

Das Museu do Vinho etwas nördlich des Rathausplatzes ist dem Instituto do Vinho da Madeira angegliedert und zeigt eine kleine, aber recht informative Ausstellung zum Weinanbau auf Madeira (Öffnungszeiten: Mo. – Fr. 9.00 – 18.00 Uhr).

Museu do Vinho

Auch das ist eine Möglichkeit der Wandverzierung: Azulejos in der Kirche São Pedro.

Museu Photographia Vicentes

Sehr lohnend ist ein Besuch des Fotomuseums »Vicentes« in der Rua da Carreira, 43 westlich des Rathausplatzes. Hier gründete 1848 Vicente Gomes da Silva **das erste Fotoatelier Portugals**, sein Sohn, sein Enkel und sein Urenkel führten es weiter. Neben der originalen Einrichtung mit alten optischen und fototechnischen Geräten sind historische Fotos von Madeira zu sehen, u. a. ist »Sisi« abgelichtet worden. Zum Museum gehört auch ein großes Fotoarchiv (Öffnungszeiten: Mo. – Fr. 10.00 – 12.30 u. 14.00 – 17.00 Uhr, www.photo graphiamuseuvicentes.com.pt).

Kirche und Palast São Pedro

Das Kirchenschiff der Igreja de São Pedro ist nahezu vollständig mit Fliesen aus dem 17. Jh. ausgekleidet, beeindruckend wirkt auch der vergoldete Altar. Gegenüber im Palácio de São Pedro aus dem 18. Jh., einst Stadtresidenz der Grafen de Carvalhal, ist das **naturkundliche Museum** untergebracht. Das Aquarium im Erdgeschoss zeigt die Unterwasserfauna und -flora rund um Madeira, die umfangreiche Sammlung von Tierpräparaten im Obergeschoss präsentiert, was auf Madeira kreucht und fleucht (Öffnungszeiten: Di. – Fr. 10.00 – 18.00, Sa., So. 12.00 – 18.00 Uhr).

Sammlungen Frederico de Freitas

Der wohlhabende Rechtsanwalt Dr. Frederico de Freitas erwarb in den 1940er-Jahren den ehemaligen Herrensitz der Grafen von Calçada aus dem 17. Jh. und vermachte ihn nach seinem Tod 1978 der Stadt mitsamt den umfangreichen **Kunst- und Kunstgewerbesammlungen**, die er im Laufe der Zeit zusammengetragen hatte. Das Haus ist originalgetreu im Stil verschiedener Zeiten eingerichtet und zeigt Möbel, Gemälde und Gebrauchsgegenstände. Die Casa dos Azulejos nebenan beherbergt die beeindruckende Fliesensammlung des Mäzens (Öffnungszeiten: Di.–Sa. 10.00–12.30 und 14.00–17.30 Uhr). ⊙

Die Calçada de Santa Clara aufwärts liegt das Kloster Santa Clara, das wahrscheinlich die Enkelinnen des Inselentdeckers Zarco Ende des 15. Jh.s als Kloster für die **Klarissinnen** errichten ließen. Im Laufe der Zeit gewannen die Klosterfrauen großen Einfluss; zum Kloster gehörte – nicht zuletzt durch zahlreiche Schenkungen – ein weitläufiger Grundbesitz. Einen Teil ihres Vermögens verdankten die Nonnen von Santa Clara auch dem Weinhandel. Als 1566 französische Korsaren in Funchal einfielen und das Kloster plünderten, flüchteten die Nonnen in den ► Curral das Freiras. Nach dem Tod der letzten Klarissin 1890 übernahmen **Franziskanerinnen** das Kloster, die hier u. a. eine Kindertagesstätte betreiben. Um- und Erweiterungsbauten aus dem 17. Jh. prägen noch das heutige Gesicht der Anlage. Vom ursprünglichen Bau sind das gotische Portal der Klosterkirche sowie der Kreuzgang mit einem Flügelaltar aus dem 16. Jh. erhalten.

★ ★
Convento de Santa Clara

Das Kircheninnere ist **vollständig mit blau-weiß-gelben Fliesen des 16. und 17. Jh.s ausgekleidet**. Im Chor sind der Inselentdecker Zarco und einige Familienangehörige bestattet, im hinteren Teil des Kirchenschiffs mit kunstvoll bemalter hölzerner Kassettendecke befindet sich das im manuelinischen Stil gehaltene Grabmal von Zarcos Schwiegersohn Mendes de Vasconcelos.

◄ Kircheninneres

Besucher werden durch die Anlage geführt (Öffnungszeiten: ⊙ Mo.–Fr. 10.00–12.00 und 15.00–17.00 Uhr; bitte klingeln).

Oberhalb des Klosters liegt die Quinta das Cruzes. Sie soll auf das 15. Jh. zurückgehen und bereits dem Inselentdecker Zarco als Wohnsitz gedient haben. Durch das Erdbeben von 1748 weit gehend zerstört, wurde sie Ende des 18. Jh.s wieder aufgebaut. Seit 1953 beherbergt sie ein **kulturgeschichtliches Museum**, das einen Einblick in die Lebensverhältnisse wohlhabender Madeirenser vom 16. bis zum 19. Jh. vermittelt. Interessant sind Zuckerkistenmöbel, Azulejos, Porzellan und Silber. Die ab und an hier veranstalteten Konzerte lohnen allein schon wegen des schönen Ambientes. Das ehemalige Wohnhaus ist von einem **wegen seines prächtigen alten Baumbestandes gerühmten Park** umgeben. Außerdem sind Steinmetzarbeiten des 15. bis 19. Jh.s aus allen Teilen der Insel

★ ★
Quinta das Cruzes

Eine entzückende Villa, die Quinta das Cruzes

aufgestellt, darunter der einstige Schandpfahl der Stadt Funchal und zwei manuelinische Fensterbögen. Im oberen Teil des Parks sollte man nicht versäumen, die sehenswerte Orchideensammlung zu besuchen (Öffnungszeiten: Di.–So. 10.00–12.30 und 14.00–17.30 Uhr, www.museuquintadascruzes.com).

Fortaleza do Pico Wer gut zu Fuß ist, marschiert hinauf zur mächtigen Fortaleza do Pico (17. Jh.) mit einer nautischen Radarstation und einem Mini-Museum, und genießt den hervorragenden Rundblick über Funchal und die Bucht (Öffnungszeiten: tgl. 9.00–18.00 Uhr).

Cemitério Británico Im Westen der Rua da Carreira (Nr. 235) lohnt der **Britische Friedhof** einen Besuch. Er geht auf die englische Besetzung Madeiras (1807–1814) zurück; bis dahin war die Bestattung von Nichtkatholiken und die Ausübung nichtkatholischer Religionen auf der Insel verboten. Hier findet man u. a. das Familiengrab der **Kaufmannsfamilie Blandy** sowie das Grab des Hotelgründers **William Reid** und des deutschen Pathologen **Paul Langerhans** (alle drei ► Berühmte Persönlichkeiten; Öffnungszeiten: Mo.–Fr. 8.30–17.00 Uhr; trotz offiziell angegebener Öffnungszeiten ist der Friedhof leider oft geschlossen).

Denkmal für Christoph Kolumbus im Parque Santa Catarina.
Im Hintergrund sieht man die Hafenmole, an der die Kreuzfahrtschiffe anlegen.

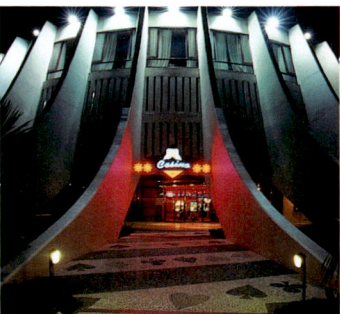

■ Das Casino von Funchal, ein Rundbau aus Beton, ähnelt der ebenfalls von Oscar Niemeyer entworfenen Kathedrale von Brasilia und soll einer Dornenkrone nachempfunden sein. Der 1907 in Rio de Janeiro geborene Architekt gilt als ein Wegbereiter der modernen Architektur; seine teilweise ungewöhnlichen Werke zeichnen sich oft durch weit geschwungene Formen aus. Auch das Hotel neben dem Casino stammt von ihm.

Westlich der Rotunda do Infante

Westlich der Rotunda do Infante kann man in dem herrlichen Parque de Santa Catarina spazierengehen. Der Stadtpark wurde Mitte des 20. Jahrhunderts wunderschön mit Blumenrabatten, Volieren und einem Schwanenteich angelegt, es gibt ein Café und eine Aussichtsterrasse, von der man einen wunderbaren Blick auf den Hafen hat. Die schlichte kleine **Capela de Santa Catarina** stammt aus dem 17. Jahrhundert, das Denkmal daneben zeigt Christoph Kolumbus, sinnend in die Weite blickend.

Im Park stehen auch zwei bekanntere **Skulpturen von Francisco Franco**: die Bronzestatue »Sämann« und – Richtung Hafen – ein Denkmal für die beiden portugiesischen Piloten, die 1921 erstmals von Lissabon nach Madeira flogen.

★
Parque de Santa Catarina

Unterhalb des Parque de Santa Catarina liegt die Hafenmole Pontinha, an der die großen Kreuzfahrtschiffe und die Fähre nach Porto Santo anlegen. Im Frachthafen etwas weiter westlich ankert – wenn sie nicht gerade auf Ausflugsfahrt ist – die »Santa Maria«, ein Nachbau des Segelschiffs, mit dem Christoph Kolumbus nach Amerika segelte (►Praktische Informationen, Ausflüge).

Hafenmole Pontinha

Die rosafarbene Quinta Vigia (früher Quinta das Angústias) an der Westseite des Parque de Santa Catarina ist heute **offizieller Wohnsitz des Regionalpräsidenten** und kann daher nicht besichtigt werden. Dagegen ist das umliegende hübsche Gelände mit einer Aussichtsterrasse, außer während Staatsbesuchen, öffentlich zugänglich.

Die ursprüngliche Quinta Vigia stand auf dem Nachbargrundstück, musste aber dem Casino und dem Pestana Casino Park Hotel, Entwürfe des brasilianischen Architekten Oscar Niemeyer, weichen. In der einstigen Quinta Vigia wohnte auch die Kaiserin von Österreich und Königin von Ungarn, **»Sisi«** (►Berühmte Persönlichkeiten), der neben dem Hotelbau zur Avenida do Infante hin ein Bronzedenkmal gesetzt wurde.

★
Quinta Vigia

Morgenruhe auf der Terrasse des Reid's. Nachmittags zum Five o'Clock Tea wird es hier voll, Reservierung dringend empfohlen.

HOTEL MIT GESCHICHTE

Legenden nähert man sich als gewöhnlicher Sterblicher mit der gebührenden Portion Ehrfurcht. Im vorliegenden Falle gehört dazu außer der inneren Einstellung für Herren eine dezente Krawatte, ein dezentes Hemd, eine sorgfältig geplättete Bügelfalte und feines Lederschuhwerk, für Damen das Nachmittags- oder Cocktailkleid.

Noble Hotels – und das Reid's gehört dazu – leisten sich einen Portier, um rechtzeitig vor dem Allerheiligsten die Spreu vom Weizen zu trennen. Schließlich gilt es, **einen der letzten Eckpfeiler des britischen Empire** zu erhalten.

Very british

Von der Times auf dem Frühstückstisch bis hin zur ehernen Institution des Five o'Clock Tea mit ofenfrischen Scones und Earl Grey hoch über dem Atlantik – alles ist hier »very british«. Selbstverständlich gibt es auch ein separates Bridge-Zimmer. Es gehört ein wenig Aufmerksamkeit dazu, an der fast unscheinbaren Auffahrt zum Reid's nicht vorbeizufahren. Das Kupferschild mit den geschwungenen Lettern und die schmale Zufahrt sind vielleicht Teil des britischen Understatements.

Traumhotel

Der Gründer der noblen Herberge, **William Reid**, hatte sich aus einfachsten Verhältnissen zum sehr erfolgreichen Weinhändler hochgearbeitet. Und auch für neue Ideen war er zu haben: Zusammen mit seiner Frau Margaret vermietete er Quintas mit Personal an betuchte Besucher. Nachdem er ein großzügiges Stück Land

hatte erwerben können, begann er 1887 mit der **Verwirklichung seines großen Traums**, ein Luxushotel zu bauen. Architekt war George Somers, der bereits für das Shephard's Hotel in Kairo verantwortlich zeichnete. William Reid starb ein Jahr nach Beginn der Bauarbeiten. Seinen Söhnen war es vorbehalten, die Pforten für die ersten Gäste zu öffnen.

Schöner Luxus

Das Hotel kann sich sehen lassen: 169 ebenso **stilvoll wie luxuriös** ausgestattete Zimmer und auf der Felsspitze um den Palast herum mehr als 50 000 Quadratmeter traumhaft schöner Park mit überaus üppigem tropischem Bewuchs. Hier gedeihen allein sechs verschiedene Arten von Passionsblumen sowie einige der hoch aufragenden Washingtonia-Palmen und die mächtigen Kapok-Bäume stammen sogar noch aus der Gründerzeit der Nobelherberge.

Illustres Gästebuch

Den Charme der Luxusherberge wussten und wissen viele illustre Gäste zu schätzen. Im Gästebuch findet sich selbstverständlich der **Hochadel**, z. B. Sir Winston Churchill, Prinz Edward von Großbritannien oder Kaiserin Zita. Auch **Literaten** von Weltrang wie George Bernard Shaw, **Mimen** wie Gregory Peck und Roger Moore oder auch **Politiker** wie Oskar Lafontaine, Otto Graf Lambsdorff oder Richard von Weizsäcker wohnten schon im Reid's. Doch nicht nur die Prominenz gibt sich hier die sprichwörtliche Klinke in die Hand, sondern auch Gäste mit entsprechender Geldbörse, denen das Ambiente eines so feinen Hotels etwas bedeutet. Und denen es nicht schwer fällt, einer ebenso dezent wie nachdrücklich vorgetragenen Bitte der Direktion mit Eleganz nachzukommen: »Es wird darum gebeten, ab 19 Uhr Abendgarderobe zu tragen.«

✶
Quinta Magnólia

Der Avenida do Infante weiter nach Westen folgend, kommt man über die Rua do Dr. Pita zur Quinta Magnólia. Das Gebäude gehört heute der Regierung von Madeira, das üppig bewachsene hügelige Parkgelände ringsum lockt mit Tennisplätzen und anderen Sporteinrichtungen sowie einem hübschen Kinderspielplatz.

> **!** *Baedeker* TIPP
>
> **Five o'Clock Tea**
>
> Alle schwärmen vom Five o'Clock Tea im Reid's – zu Recht! Reservierung des mit ca. 26 € pro Person nicht gerade günstigen, dafür echt britischen Vergnügens unter Tel. 291 717 171.

Südlich der Quinta Magnólia steht unmittelbar an der Küste das alte Traditionshotel **Reid's** (►Baedeker Special, S. 152). Dahinter, rechts und links der westlich verlaufenden **Estrada Monumental**, erstreckt sich das klassische Hotelviertel, dessen direkt an der Wasserlinie liegende Häuser das Exklusivzugangsrecht zur Küste haben. Öffentlich zugänglich ist das Meer erst wieder am beliebten Meeresschwimmbad Lido. Hier beginnt die **Uferpromenade**, die entlang neuerer Hotelanlagen bis zur Praia Formosa, dem mit 800 m längsten Strand Madeiras, führt.

Umgebung von Funchal

✶
Jardim Botânico e Loiro Parque

Etwa 4 km nordöstlich des Stadtkerns erstreckt sich in prächtiger Aussichtslage der Botanische Garten. Das Anwesen gehörte bis 1936 der englischen Hoteliersfamilie Reid und ist seit 1952 in Besitz der Stadt Funchal. Der fast parkartige Garten mit drei hübschen Aussichtspunkten zeigt **endemische und eingeführte Pflanzen**, Palmen, Orchideen, Bromelien, Sukkulenten und Nutzpflanzen – teilweise wirkt die Anlage nicht allzu gepflegt. Im ehemaligen Herrenhaus ist ein kleines, altmodisches Naturhistorisches Museum eingerichtet, das außer einer einfachen, aber recht informativen Ausstellung zu Madeiras Pflanzenwelt Tier- und Pflanzenpräparate sowie auf der Insel gefundene Fossilien präsentiert.

Vogelpark ►
🕐

Unterhalb des Botanischen Gartens, in den geräumigen Volieren des Loiro Parque (Tropischer Vogelpark), leben farbenprächtige **Papageienvögel** aus aller Welt (Öffnungszeiten: tgl. 9.00 – 18.00 Uhr).

Seilbahn ►

Eine Seilbahn verbindet den **Botanischen Garten und Monte**. Rund 1600 m lang, bietet sie während der ca. 14 Minuten dauernden Fahrt einen herrlichen Panoramablick über die Bucht von Funchal, überquert das Tal des Ribeira de João Gomes mit seinem uralten Lorbeerzeenwald und endet in Monte am Largo das Babosas unweit der berühmten Wallfahrtskirche (►Sehenswürdigkeiten von A – Z, Monte).

Jardim Orquídea
🕐

Unterhalb des Vogelparks, an der Rua Pita da Silva, trifft man im Jardim Orquídea auf Orchideen aller Art, vom Samen bis zur blühenden Pflanze. Für eine Pause bietet sich im Garten ein Minicafé mit schönem Blick an (Öffnungszeiten: tgl. 9.00 – 18.00 Uhr).

Quinta do Palheiro *Orientierung*

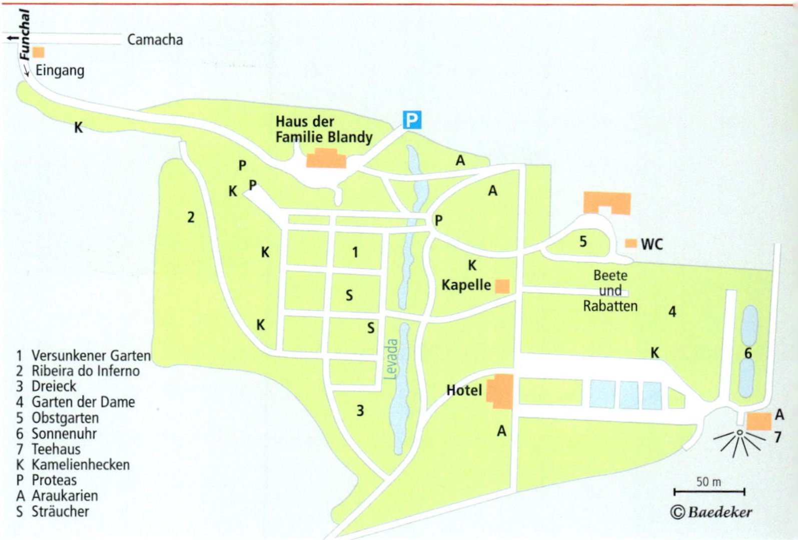

Camacha

Funchal

Eingang

K

Haus der Familie Blandy 🅿

A

A

P

K P

2

P

K 1

5 ■ WC

K

S

Kapelle

Beete und Rabatten 4

K

S

Levada

K 6

3

Hotel

A

K

A 7

50 m

© *Baedeker*

1 Versunkener Garten
2 Ribeira do Inferno
3 Dreieck
4 Garten der Dame
5 Obstgarten
6 Sonnenuhr
7 Teehaus
K Kamelienhecken
P Proteas
A Araukarien
S Sträucher

Etwa 10 km nordöstlich von Funchal liegt nahe der Straße nach Camacha das weitläufige Areal der Quinta do Palheiro, **eine der schönsten Parkanlagen Madeiras**, für deren Besichtigung ein relativ hohes Eintrittsgeld verlangt wird. 1790 ließ der Graf de Carvalhal das 12 ha große Gelände durch einen französischen Landschaftsgärtner gestalten. Sein erstes Herrenhaus, heute ein Hotel, liegt im unteren Teil der Anlage. Später gestaltete einer der Neffen des Grafen das Anwesen im Stil englischer Parkanlagen um – es entstand eine außergewöhnlich harmonische **Verbindung von englischer und französischer**

★★
Quinta do Palheiro (Blandy's Garden)

Einer der schönsten Herrensitze auf Madeira ist die Quinta do Palheiro.

Gartenbaukunst. 1885 erwarb die Familie Blandy den Besitz und errichtete im oberen Teil ein neues Gebäude. In den Gärten findet man eine unglaubliche Vielfalt an Pflanzen, viele davon sind extrem selten. Von ihrer schönsten Seite zeigen sich die Gärten der Quinta do Palheiro zur Zeit der Kamelienblüte; bekannt sind sie aber auch für ihre Agapanthus, Magnolien und Proteen, letztere eingeführt von Mildred Blandy aus ihrer südafrikanischen Heimat. Unter den Bäumen fallen einige Araukarien und dekorative Koniferen auf. Die Frösche in den Teichen dienten einst weniger dem Ambiente, als vielmehr für die Tafel des Grafen. An das Gelände schließt östlich der **Palheiro Golf Club** an (Öffnungszeiten: Mo.–Fr. 9.30–16.30 Uhr).

✴ Jardim do Mar

C 2 / B 2

Höhe: 0–175 m ü.d.M.   **Einwohnerzahl:** ca. 1000

Die idyllischen Gässchen des Fischerdorfes Jardim do Mar, den »Garten des Meeres«, muss man zu Fuß erkunden, denn die Straße endet an einem Kreisel mitten im Dorf.

Die teils mit Mosaiken gepflasterten Gassen führen alle zum Rand der Steilküste. Vom Kreisel aus führt linker Hand ein Sträßchen hinab zum Meer, vorbei am schön gelegenen Friedhof und der Ruine einer Zuckerrohrfabrik zum »portinho«, dem Mini-Hafen. Eine **pompöse Promenade** zieht sich inzwischen an der Küste entlang und ein kleiner Badeplatz wurde befestigt. Auf der anderen Seite des Kreisels steht die Kirche Nossa Senhora do Rosário, gebaut mit Gel-

 JARDIM DO MAR ERLEBEN

ESSEN

▶ **Erschwinglich**

Tarmar
Rua do Portinho, 13
Tel. 291 823 207
An der Gasse zum kleinen Hafenbecken. Einfaches Lokal mit guten, etwas überteuerten Gerichten der Region. Schöne kleine Terrasse.

ÜBERNACHTEN

▶ **Günstig**

Casa da Cecilia
Sítio da Igreja
Tel. 291 822 642

Einfache, bei Surfern beliebte Pension mit zehn kleinen Zimmern, Gärtchen und Frühstücksterrasse. Auf Anfrage bereitet Cecilia Sumares auch ein Dinner zu.

Paul do Mar ApartHotel
Ribeira das Galinhas, Paul do Mar
Tel. 291 724 229
Fax 291 762 171
www.hotelpauldomar.com
Ruhig am Ortsende gelegenes Haus, das Wert auf Umweltverträglichkeit legt; 60 großzügige Zimmer mit Meerblick, Pool, Fahrradverleih

Paúl do Mar ist eines der ursprünglichsten Dörfer Madeiras.

dern von Emigranten des Dorfes und tatkräftiger Hilfe der verbliebenen Dorfbewohner. Die aufgemalte Rosette, so wird behauptet, sei der Rosette von Notre-Dame in Paris nachempfunden. Wer es sportlich mag: **Bei Surfern beliebt** ist Jardim do Mar wegen seiner starken Brandung. Vor allem an der »Ponta Jardim«, einem der drei einfachen Kieselsteinstränden von Jardim do Mar, tummeln sich kühne Wasserratten.

Umgebung von Jardim do Mar

Paúl do Mar

Paúl do Mar ist der nächste Küstenort nordwestlich von Jardim do Mar, die Fahrt dorthin führt durch einen rund 3 km langen Tunnel. Das Dorf zieht sich an einer langen, schmalen Uferstraße hin und hat einen **sehr eigenen und unverfälschten Charakter**. In dem kleinen Fischerhafen sorgen zwei Bars (eine davon mit einem Restaurant) für Abwechslung; weitere Lokalitäten liegen im neueren Teil des Ortes weiter westlich, wo auch Villen aus Übersee heimgekehrter Emigranten stehen. Hier entstand ebenfalls eine Promenade. Der alte Ortskern wurde mit einem Badeplatz und einer Fischer-Skulptur aufgewertet. Die Fischmarkthalle am Hafen indes musste weichen.

Prazeres

Hoch über Paúl do Mar liegt Prazeres auf einem Bergrücken inmitten von Obstbäumen und Gemüsegärten, ein guter **Ausgangspunkt für schöne Wanderungen** in Madeiras Westen. Sehenswert sind der gepflasterte Kirchenvorplatz und die Quinta Pedagógica, ein auf Initiative des Ortspfarrers angelegter Pflanzen- und Tiergarten mit kleinem Teehaus und Produktion von Marmeladen, Apfelwein, Kräutertees. Zwischen Jardim do Mar und dem rund 600 m hoch gelegenen Prazeres gibt es uralte Verbindungsstege, die heute hauptsächlich von Wanderern genutzt werden.

✱ Machico

C 7

Höhe: 0 – 150 m ü. d. M. **Einwohnerzahl:** ca. 12000

Der Fischerhafen Machico an der Mündung des gleichnamigen Flüsschens ist mit 12000 Einwohnern der zweitgrößte Ort auf Madeira. An der leicht zugänglichen Küste soll João Gonçalves Zarco 1419 gelandet sein und erstmals Madeira betreten haben.

✱
Madeiras erste Siedlung

Schon bald nach Zarcos Ankunft entstand hier eine erste Siedlung. Ab 1440 war Machico unter Tristão Vaz Teixeira sogar Hauptort des östlichen Inselteils. Als jedoch 1497 Funchal alleinige Hauptstadt Madeiras wurde, verlor Machico schnell an Bedeutung – das Hauptgeschehen verlagerte sich in das neue Zentrum an der Südküste.

Aufgrund zahlreicher Piratenüberfälle im 15. bis 17. Jh. wurden immerhin drei Forts gebaut. Den Namen verdankt der Ort angeblich Robert Machyn, der hier mit seiner Geliebten Anne Dorset Schiffbruch erlitten haben soll (►Baedeker Special, S. 34).

▶ MACHICO ERLEBEN

AUSKUNFT
im Forte Nossa Senhora do Amparo
Tel. 291 962 289

AUSGEHEN
»Paparazzi« heißt die große Discothek des Ortes an der Praçeta 25 de Abril; wie überall beginnt das Highlife hier erst nach 23 Uhr.

ESSEN
▶ **Preiswert**
① *Mercado Velho*
Rua General António Teixeira Aguiar
Tel. 291 965 926
Ein wunderschönes Plätzchen mit einer Terrasse unter hohen Bäumen, gut geeignet für eine Pause.

② *O Gonçalves*
Rua do Ribeirinho 1, Machico
Tel. 291 966 606
Frischer Fisch, vom Grill oder in der Suppe, warme Apfeltorte – in einem zeitgenössischen Ambiente, wie es die Madeiraner lieben.

ÜBERNACHTEN
▶ **Günstig**
② *Residencial Amparo*
Rua da Amargura
Tel. 291 968 120
Fax 291 966 050
www.residencialamparo.web.pt
Schöne Lage mitten im Ort hinter der kleinen Festung. Recht wohnliche, angenehme Zimmer.

Machico Orientierung

Übernachten ① Residencial Amparo   **Essen** ① Mercado Velho
                                                      ② O Gonçalves

Sehenswertes in Machico

Am Westufer des Machico-Flusses liegt die hübsche Altstadt, das ei- **Altstadt**
gentliche Ortszentrum, mit der Pfarrkirche **Nossa Senhora da Conceição** (Unsere Liebe Frau der Unbefleckten Empfängnis, Ende 15.
Jh.). Aus der Zeit Manuels I. sind die beiden Portale erhalten und
der Bogen der Grabkapelle der Vaz Teixeiras. Aus barocker Zeit stammen die Altäre mit vergoldetem Holzschnitzwerk und die bemalte
Holzdecke. Das Denkmal auf dem Largo do Município erinnert an
Tristão Vaz Teixeira. Im Solar do Ribeirinho, einem Herrenhaus aus
dem 17. Jh., zu dem ein schöner Garten gehört, wurde ein kleines
Museum eingerichtet. In vier Themenbereichen erleben Besucher in
interaktiven Ausstellungsbereichen Personen und Geschichten des
Orts aus den mehr als sechs Jahrhunderten seines Bestehens (Rua do
Ribeirinho 15, Tel. 291 964 118, Di.–Fr. 10.00 – 12.30 und 14.00 bis ⏲
17.30 Uhr, Sa. 10.00 – 13.00 Uhr).

Vom schmucken Rathaus Richtung Meer kommt man zur neuen
Markthalle. Die alte dreieckige **Hafenfestung Forte Nossa Senhora
do Amparo** aus dem 17. Jh., die die Bucht gleichzeitig nach zwei Seiten hin schützte, dient heute als Tourismusbüro.

Üppig vergoldete Schnitzaltäre künden von der Barockzeit.

Über die Promenade vor dem Forum de Machico mit Kino, Restaurant und Badeterrasse geht es zum südwestlichen Ende der Bucht, wo die einstige Festung dem Hotel Dom Pedro weichen musste. Dahinter steht die leider oft geschlossene **Capela de São Roque**. Sie wurde 1489 nach einer Pestepidemie über einer als wundertätig geltenden Quelle errichtet und enthält bemerkenswerte **Azulejogemälde** – Szenen aus dem Leben des heiligen Rochus.

Auf der Ostseite der Hafenbucht zieht sich das alte **Fischerviertel** Banda d'Além bis zum Forte São João Baptista (1800). Dort entstand eine neue Promenade, und hier wurde auch Madeiras zweiter goldener Sandstrand aufgeschüttet. Für den Standort der **Capela dos Milagres** am Largo dos Milagres gibt es zwei Begründungen: Hier ließ Zarco um 1420 ein Gotteshaus über dem Grab von Robert Machyn und Anne Dorset erbauen, sagen die einen; hier las ein Franziskanermönch am 2. Juli 1419 die erste Messe auf Madeira, sagen die anderen. 1803 wurde die ursprüngliche Kapelle durch Hochwasser zerstört, das ins Meer gespülte Kruzifix Tage später aber von Fischern auf hoher See entdeckt. Diese Geschichte ist auf einem naiven Gemälde in der 1815 wieder errichteten Kirche anschaulich dargestellt. Zu Ehren der seither als wundertätig verehrten Christusfigur wird am 8. und 9. Oktober eine feierliche Bittprozession abgehalten.

Umgebung von Machico

Pico do Facho

Nordöstlich von Machico erhebt sich der Pico do Facho (wörtlich übersetzt: Fackelberg). Seinen Namen erhielt der Berg als Standort einer Wache, die die Aufgabe hatte, mit mächtigen Holzfeuern die Einwohner von Machico vor drohenden Überfällen durch Korsaren zu warnen. Von der Höhe des Pico do Facho sieht man bei entsprechender Windrichtung die Flugzeuge, die unmittelbar zuvor von der Rollbahn des Flughafens Santa Catarina abgehoben haben, vorbeifliegen.

Miradouro Francisco Álvares de Nóbrega

Am südwestlichen Ortseingang von Machico bietet der Miradouro Francisco Álvares de Nóbrega, benannt nach einem der bedeutendsten Dichter Madeiras (1773–1807), einen herrlichen Blick auf die Bucht von Machico und die ►Ponta de São Lourenço.

★ ★ Monte

Höhe: ca. 450 – 600 m ü. d. M.   **Einwohnerzahl:** 9000

Monte war im 19. Jh. und bis in die 1940er-Jahre hinein bei wohlhabenden Madeirensern wie auch bei Ausländern ein beliebter Luftkurort. Steinerne Zeugen des frühen Tourismus sind die zahlreichen stattlichen Häuser und Villen mit zumeist prächtigen tropischen Gärten sowie einige sehr gute Hotels.

Als sich der Tourismus in die küstennahen Gebiete um Funchal verlagerte, ging die Bedeutung Montes, etwa 8 km oberhalb von Funchal, zurück. An seine Glanzzeit erinnern der idyllische **Largo da Fonte** (Brunnenplatz) mit dem einstigen Zahnradbahnhof und der Marmorkapelle Capelinha da Fonte. Kurz davor geht es von der Hauptstraße rechts steil hinauf zur restaurierten **Quinta Jardims do Imperador**, dem letzten Wohnsitz Karls I. (►Berühmte Persönlichkeiten), mit schöner Gartenanlage und Teepavillon (Caminho do Pico, Mo. – Sa. 9.30 – 17.30 Uhr).

Luftkurort mit Tradition

🕐

Schon die Hinfahrt nach Monte und dann der Rückweg sind ein Erlebnis für sich, wenn man von Funchal aus die **Seilbahn** (Teleférico) hinauf nimmt, aus deren Gondeln man herrliche Blicke auf Funchal und die Landschaft hat. Wieder hinunter könnte es mit dem Korbschlitten gehen (►Baedeker Tipp, S. 163). Ab 1893 verband eine **Zahnradbahn** Monte mit Funchal, doch nachdem 1919 ein Dampf-

★ ★
Teleférico und Korbschlitten

▶ MONTE ERLEBEN

ESSEN

► Erschwinglich
Restaurante Monte Garden
Caminho do Monte, 192
Tel. 291 724 236
Zur Quinta do Monte gehört ein stilvolles Restaurant, in dem À-la-carte-Gerichte angeboten werden. Im Café Pavilion kann man leichtere Mahlzeiten oder nur eine Tasse Tee mit Blick über Funchal genießen.

► Preiswert
Café do Parque
Am Largo da Fonte
Die einfache Lokalität serviert lokale Küche unter schönen hohen Bäumen.

ÜBERNACHTEN

► Luxus
Quinta do Monte
Caminho do Monte, 192
Tel. 291 724 236, Fax 291 762 171
www.quintadomontemadeira.com
Alle 50 Zimmer der prächtigen Quinta nahe der Seilbahnstation haben Balkon und Gartenblick.

FEST
Höhepunkt der religiösen Feste auf Madeira ist die große Wallfahrt nach Monte am 15. August (Mariä Himmelfahrt). Dann bietet sich die Wallfahrtskirche Nossa Senhora do Monte im prächtigen Festtagsschmuck.

In der Wallfahrtskirche Nossa Senhora do Monte steht der Sarkophag des letzten österreichischen Kaisers, Karls I.

kessel explodiert war, was vier Tote und viele Schwerverletzte zur Folge hatte, ging die Begeisterung für dieses Transportmittel rapide zurück. 1939 wurde die Zahnradbahn stillgelegt.

Sehenswertes in Monte

★

Nossa Senhora do Monte

Über dem alten Dorfkern erhebt sich nahe der Station der Seilbahn, die Monte mit dem Botanischen Garten von Funchal verbindet, die Wallfahrtskirche Nossa Senhora do Monte – 68 Stufen führen zum Gotteshaus hinauf. Ihre mit dunklem Tuffstein abgesetzte und von zwei Türmen flankierte Fassade ist weithin sichtbar. Die Vorgängerkirche wurde 1748 durch das Erdbeben zerstört, die heutige Kirche 1818 im Barockstil neu erbaut. Herrlich ist die **Aussicht** von der Kirchenterrasse auf die Bucht von Funchal und bis zum Cabo Girão.
Von der Vorgängerkapelle ist nur die kleine in Silber gefasste Pietà im Hochaltar erhalten. Sie wird von der Bevölkerung als wundertätige **Schutzheilige der Insel** verehrt und alljährlich am 15. August (Mariä Himmelfahrt) in einer großen Prozession (Romaria) durch die Gassen des Ortes getragen. In der linken Seitenkapelle befindet sich der schlichte **Sarkophag Karls I.** mit den sterblichen Überresten des letzten österreichischen Kaisers (►Berühmte Persönlichkeiten).

Unterhalb der Kirche von Monte erstreckt sich auf dem Gelände des ehemaligen Grand Hotels Belmonte der Jardim Tropical Monte Palace – heute im Besitz der Berardo-Stiftung für Kultur, Kunst, Technik und Wissenschaft –, den man für ein vergleichsweise hohes Eintrittsgeld besichtigen kann. Im durchaus fantasievoll gestalteten Park sind eine **Fülle künstlerischer Elemente** zu sehen, darunter viele Fliesenmalereien zur Geschichte Portugals, ein Fliesengang mit Werken des 15. bis 20. Jh.s, die laut Guinness-Buch der Rekorde größte je auf einer Töpferscheibe gedrehte Vase mit über fünf Metern Höhe und einem Gewicht von 550 kg, ein Orientalischer Garten, Porzellanausstellungen und ein kleines mineralogisches Museum (Öffnungszeiten tgl. 9.00 bis 17.00 Uhr).

★ ★
Jardim Tropical
Monte Palace

> ! **Baedeker** TIPP
>
> **Schlittenfahren mitten im Sommer**
> Das Vergnügen ist alles andere als billig, doch die Korbschlittenfahrt von Monte hinab nach Livramento (ca. 25 Euro) gehört einfach ins Madeira-Programm. Zwei nebenher laufende Korbschlittenfahrer steuern und bremsen das einzigartige Verkehrsmittel.

Beim Forsthaus Riberia das Cales an der Straße von Monte zum Poiso-Pass findet man den Eingang zum Parque ecológico do Funchal, zum Ökologischen Park. Rechts und links der gut ausgebauten Wanderwege sieht man vorwiegend einheimische Gewächse und Baumarten, desgleichen entlang der schmalen **Panoramastraße**. Sie ist keine Durchgangsstraße, man muss sie wieder zurückfahren (Öffnungszeiten: tgl. 9.00 – 18.00 Uhr).

Parque ecológico
do Funchal

In **Terreiro da Luta**, 3 km nördlich von Monte, unweit des einstigen Zahnradbahnhofs, steht in bester Aussichtslage die 5,5 m hohe Statue der **Friedensmadonna** (Nossa Senhora da Paz). Damit hat es folgende Bewandtnis: Im Ersten Weltkrieg versenkte ein deutsches U-Boot das in der Bucht von Funchal liegende französische Kriegsschiff »Surprise«. Da gelobten die Madeirenser, nach glücklichem Kriegsende der Jungfrau Maria ein Denkmal zu errichten. Diverse Spenden, u. a. der österreichischen Ex-Kaiserin Zita, halfen, das Versprechen bis 1927 einzulösen. Um den Sockel windet sich ein recht **ungewöhnlicher Rosenkranz**: Er ist aus der Ankerkette des versenkten Schiffs gearbeitet.

Fliesenbilder im Jardim Tropical

WASSER IST FÜR ALLE DA

Zu den größten Errungenschaften, die der Mensch auf die Insel Madeira gebracht hat, zählt das kunstvolle Bewässerungssystem, dessen Kanäle sich auf insgesamt ca. 2150 km Länge erstrecken. Der Bau der so genannten Levadas geht schon auf die Zeit der ersten Besiedlung Madeiras zurück.

Den ersten Siedlern auf Madeira stellte sich das **Problem einer gleichmäßigen Wasserversorgung**: Während es auf der feuchten Nordseite der Insel häufige Niederschläge und damit Wasser schier im Überfluss gab, litt der ungleich sonnigere Süden unter Trockenheit. Wer den Anstoß zum Bau der Levadas gab – von port. »levar«, d. h. »führen« – ist nicht überliefert. Sicher ist aber, dass Sklaven aus Afrika und von der Kanareninsel La Gomera die ersten Kanäle anlegten. Das größte Hindernis dabei waren die **topografischen Gegebenheiten**. Jeder Stein, jedes Arbeitsgerät musste erst einmal dorthin gebracht werden, wo man den günstigsten

Verlauf der Levada bestimmt hatte. Oft genug mussten die Arbeiter mit ihren Geräten per Seil an den Steilwänden hinuntergelassen werden und hingen bei der Arbeit zwischen Himmel und Erde. Die meisten Levadas wurden aber im 20. Jh. angelegt, so die Levada dos Tornos oberhalb von Funchal, die 1966 erstmals Wasser lieferte und auf einer Länge von über 100 km mit ca. 100 000 Abflüssen mehr als 10 000 ha landwirtschaftliche Nutzfläche versorgt.

Wasser und Strom

Gespeist werden die Levadas auch heute noch durch natürliche Quellen und durch große Wasserreservoirs,

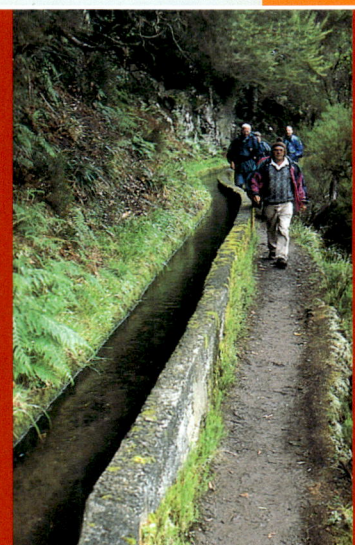

Wanderungen entlang der Levadas offenbaren die Schönheit der madeirensischen Landschaft.

die für gleichmäßigen Wasserfluss sorgen. Bevor das Wasser die Felder erreicht, hat es schon einem weiteren sinnvollen Zweck gedient, nämlich der Stromerzeugung. Eine bessere Ausnutzung dieses Energieträgers lässt sich kaum denken.

Levadarecht

Um die Bauern auf möglichst gerechte Weise mit Wasser zu versorgen, wurde schon früh ein Levadarecht erlassen, das heute noch im Wesentlichen gleich ist wie früher. **Levadeiros** halten das komplizierte Kanalsystem in Ordnung und überwachen die Verteilung. Jeder, der ein berechtigtes Interesse hat, darf die benötigte Wassermenge entnehmen. Dafür verzichtet der Grundbesitzer seit jeher darauf, eine auf seinem Grundstück entspringende Quelle ausschließlich selbst zu nutzen. Die von der Regierung garantierte Gegenleistung besteht darin, dass sie für das Wasser aus den Levadas keine Gebühr erhebt und für den Unterhalt der Kanäle aufkommt.

Wanderwege

Mittlerweile sind die Levadas verstärkt ins touristische Interesse gerückt. Wanderer schätzen die eigentlich für **Wartungsarbeiten** angelegten Wege entlang der Kanäle. Allerdings ist nicht jede Levada grundsätzlich zum Wandern geeignet: Es gibt Touren, die nur wirklich schwindelfreie und im Gebirge erfahrene Ausflügler unternehmen können. Diese Wege führen ohne Sicherungen an steilen Felswänden entlang und sind gerade mal so breit, dass man die Füße voreinander setzen kann, also nichts für schwache Nerven. Doch es gibt auch weniger anstrengende Pfade – in jedem Fall sind Levada-Wanderungen eine herrliche Möglichkeit, Madeiras wundervolle Landschaft kennenzulernen.

★★ Paúl da Serra

B/C 3/4

Höhe: 1300 – 1400 m ü. d. M.   **Lage:** 60 km nordwestlich von Funchal

Die Hochebene Paúl da Serra (etwa: Bergmoor), 1300 – 1400 m hoch gelegen, erstreckt sich über eine Fläche von rund 102 km² und ist damit das einzige nennenswerte Flachland Madeiras.

**Karge
Hochebene**

Dieses karge, **an das schottische Hochland erinnernde Gebiet** mit seinen zahlreichen wild lebenden Schafen und Ziegen steht in eigenartigem Kontrast zur malerischen Blumenfülle und landschaftlichen Vielfalt des übrigen Madeira und ist ein Dorado für Wanderer. Die höchste Erhebung ist der Ruivo do Paúl (1640 m ü. d. M.). Ein Aussichtspunkt befindet sich im Osten an der »Bica da Cana« (1620 m) oberhalb einer Schutzhütte, die von der Regierung unterhalten wird. Die Hochebene Paúl da Serra spielt eine **wichtige Rolle bei der Wasserversorgung** der Insel. Ihr poröses Gestein wirkt nämlich wie ein überdimensionaler Schwamm, der die Niederschläge aufsaugt. Das Wasser fließt entweder in Bächen oder in den zahlreichen von hier ausgehenden Levadas (▶Baedeker Special, S. 164) talwärts. Markante Punkte in der Landschaft des Paúl da Serra sind die seit 1993 errichteten **Windkraftanlagen**.

Nein, das hier ist nicht Schottland, sondern die Hochebene Paúl da Serra auf Madeira!

▶ PAÚL DA SERRA ERLEBEN

ESSEN

▶ Erschwinglich

Jungle Rain Restaurant

Pico da Urze – Paúl da Serra

Tel. 291 820 150

www.hotelpicodaurze.com

Von Wildspezialitäten bis vegetarisch. Das interessant dekorierte »Erlebnisrestaurant« gehört zu einem gemütlichen Hotel.

ÜBERNACHTEN

▶ Günstig

Estalagem Encumeada

Sítio dos Feiteiras – Serra de Água

Tel. 291 951 282

www.residencialencumeada.com

Einfache Großpension unterhalb des Encumeada-Passes mit Restaurant. 50 Zi. unterschiedlicher Qualität, idealer Ausgangspunkt für Wanderungen.

Encumeada-Pass

Der Encumeada-Pass liegt auf einer Höhe von 1004 m ü. d. M. östlich der Hochebene an der Stelle, an der die Straße 110, die quer über den Paúl da Serra verläuft, von der alten Bergstraße 228 abzweigt, die vor der Untertunnelung der Passhöhe die einzige Straßenverbindung zwischen der Nordküste bei São Vicente und der Südküste bei Ribeira Brava war. Vom Aussichtspunkt hat man bei klarer Sicht einen prächtigen **Blick in die Bergwelt** und kann außerdem **das Meer an der Süd- wie an der Nordküste** sehen.

★ ★

Aussicht

Rabaçal

Rabaçal (1064 m ü. d. M.) liegt in einem markanten Taleinschnitt am westlichen Ende der Paúl da Serra und besteht im Wesentlichen nur aus einigen verlassenen Rasthäusern. Wahrhaft atemberaubend ist die Umgebung, eine waldreiche Landschaft, in der sich alte Lorbeerbaum- und Baumheidebestände mit einer Vielzahl von Farnen, Moosen und Flechten abwechseln. Die Gegend um Rabaçal ist ein sehr **beliebtes Ziel für Wochenendausflügler**, weil es hier einige schöne Picknickstellen gibt. Der Name des Ortes bedeutet übrigens soviel wie »unberührt«. Das alte Sträßchen hinab nach Rabaçal ist inzwischen für den Verkehr ge-

! Baedeker TIPP

Geführte Wanderung

Nach Rabaçal fahren keine öffentlichen Verkehrsmittel. Wer das Tal individuell erkunden will, sollte früh da sein – egal ob mit Leihwagen oder Taxi. Alternative: Fast alle lokalen Ausflugsveranstalter haben Rabaçal als Wanderung im Programm.

sperrt; Wanderer müssen ihr Auto bereits auf dem unbefestigten Parkplatz auf der Hochebene abstellen. Doch der Abstieg ins Tal lohnt sich!

Auch für Kinder geeignet – Wandern bei Rabaçal

Die beliebtesten Wanderungen
Eine insbesondere für nicht schwindelfreie Wanderer anspruchsvolle Wanderung von ca. zwei Stunden hin und zurück ist der Weg von Rabaçal zu den **»25 Fontes«** (»25 Quellen«). Hier ergießen sich einige wasserreiche Bäche teils in kleinen Katarakten in einen Weiher, der sich je nach Jahreszeit mehr oder weniger füllt. Das Wasser des höchst malerisch gelegenen kleinen Sees speist die Levada do Risco. Eine leichtere, etwa halbstündige Wanderung führt entlang dieser Levada zu den **Risco-Wasserfällen**, die in den feuchten Monaten zu den spektakulärsten Katarakten Madeiras zählen. Der Weg für beide Wanderungen beginnt am ehemaligen Parkplatz in Rabaçal. Zu den »25 Quellen« muss man nach etwa 200 m eine Naturtreppe hinuntersteigen und dann rechts weitergehen, zu den »Wasserfällen« nimmt man nicht die Treppe, sondern geht weiter geradeaus.

★ ★ Pico Ruivo · Pico do Arieiro

B/C 5

Madeiras höchste Gipfel
Nördlich von Funchal liegen in der Inselmitte die höchsten Berge Madeiras, der Pico Ruivo (1862 m ü. d. M.), der Pico das Torres (1851 m ü. d. M.) und der Pico do Arieiro (1818 m ü. d. M.). Für den Ausflug in die Bergwelt empfiehlt es sich, sehr früh loszugehen, da sich in den späteren Vormittagsstunden meistens Wolken bilden, die die Sicht einschränken.

Rast mit überwältigender Perspektive beim Pico do Arieiro

Über den Wolken

Der **Pico Ruivo ist Madeiras höchster Berg**. Selbst wenn die tieferen Lagen der Insel von dichtem Nebel verhangen sind, präsentieren sich die schroffen, in rötlichem Ton erscheinenden Spitzen oft in klarstem Sonnenschein – eine Wanderung auf den Pico Ruivo macht die Vielfalt des madeirensischen Wetters deutlich.

Der **Pico do Arieiro** ist der dritthöchste Berg der Insel – und zugleich **am leichtesten erreichbar**. Nur wenige Meter unterhalb des Gipfels endet nämlich eine gut ausgebaute Fahrstraße, über die man in etwa einer Stunde von Funchal aus hier oben ist. Das letzte Stück der Straße, die am Passo de Poiso abzweigt, führt 7 km lang zunächst durch waldreiche, später immer offener werdende, von Bergheide bedeckte Landschaft und zuletzt durch schroff felsiges Hochgebirge mit atemberaubenden Ausblicken. Mehrere Aussichtspunkte entlang dieser Straße ermöglichen schon bei einigermaßen klarem Wetter eine prächtige Sicht über Madeira. Auf dem Gipfelplateau verschandelt allerdings eine neue Radarstation das herrliche Gebirgspanorama. Ein einfacher Fußweg führt zum Aussichtspunkt **Miradouro do Juncal** (1800 m ü. d. M.), der einen weiten Blick über die Nordküste Madeiras bietet.

Die etwa vierstündige Wanderung vom Pico do Arieiro zum Pico Ruivo ist sehr lohnend, erfordert aber **Ausdauer und eine gute Ausrüstung**. Für die Mühe entschädigt ein großartiger Rundblick vom Gipfel aus über die Insel (Weg ist vorübergehend geschlossen).

★ ★
Vom Pico do Arieiro zum Pico Ruivo

✴ **Ponta Delgada**

B 5

Höhe: ca. 10 – 165 m ü. d. M.   **Einwohnerzahl:** ca. 2500

Der kleine Ort Ponta Delgada an der Nordküste Madeiras besitzt ein beliebtes Meeresschwimmbecken, das sich durch die kräftige Brandung ständig mit frischem Meerwasser füllt.

Malerischer Wallfahrtsort

Wirtschaftlich bedeutend sind der Obst- und Gemüseanbau, außerdem wachsen hier viele der Weidenruten, die von den madeirensischen Korbflechtern verarbeitet werden. In und um Ponta Delgada stehen auffällig viele Quintas, erbaut von den großen Weinbauern, die im 18. Jh. Reichtümer erwirtschafteten. Der alte Ortskern liegt unten am Meer, der neue oben jenseits der Durchgangsstraße.

Sehenswertes in Ponta Delgada und Umgebung

✴
Capela do Bom Jesus

Alljährlich findet in Ponta Delgada am ersten Sonntag im September **eines der ältesten religiösen Feste** von Madeira statt. Anlass dafür ist eine Legende, nach der um das Jahr 1470 eine Kiste mit einem hölzernen Kruzifix an Land geschwemmt wurde – justament zu dem Zeitpunkt, als man dort eine kleine Kapelle errichtete und diese deshalb auch Capela do Bom Jesus nannte. 1908 brannte das Wallfahrtskirchlein fast völlig aus. Übrig blieb nur ein verkohlter Rest des Kreuzes, das seither in einem gläsernen Behältnis im Kirchenneubau von 1919 aufbewahrt und von der gläubigen Bevölkerung hoch verehrt wird. Auffällig ist die **ungewöhnliche Bemalung der Kirchendecke**: Zu sehen sind u. a. Paradiesdarstellungen und ein Christusritterschiff, das die portugiesischen Entdeckungen symbolisiert. Das schön gelegene Altersheim nahe der Kirche war ursprünglich eine Pilgerherberge.

Südöstlich von Ponta Delgada entfernt sich die Küstenstraße vom Meer und passiert nach etwa 2 km den Ort **Boaventura** (3000 Einw.), der eingebettet ist zwischen Obstkulturen und ausgedehnten **Weidenpflanzungen für die einheimische Korbflechterei**. Grundlage für

Die neu gestaltete Küstenzone in Ponta Delgada

● PONTA DELGADA ERLEBEN

ESSEN

► Erschwinglich
Serrão de Boaventura
Tel. 291 860 888
www.solar-boaventura.com
Gepflegtes Restaurant in Boaventura,
das gelegentlich auch Wildgerichte
serviert. Im Solar de Boaventura kann
man auch gut übernachten.

ÜBERNACHTEN

► Komfortabel
Monte Mar Palace Hotel
Ponta Delgada

Tel. 291 860 030, Fax 291 860 031
www.montemarpalace.com; 105 Z.
Wer eine komfortable Unterkunft an
der Nordküste sucht, ist hier richtig.

► Günstig
Casa da Capelinha
Sítio do Terreiro
Tel. 291 860 040
www.casadacapelinha.com
Ruhiges, historisches Haus, erweitert
um ein modernes. Insgesamt nur
zwölf Zimmer, alle mit Balkon/Ter-
rasse oder privatem Gartenanteil.

die Fruchtbarkeit dieser Gegend ist der Wasserreichtum, da einige
kleine, vom zentralen Gebirgsmassiv kommende Flussläufe hier in
den Atlantik fließen. Boaventura bietet keine großen Sehenswürdigkeiten, ist aber sehr gut zum Ausspannen in herrlicher Umgebung
geeignet. Viele Inselbesucher schätzen Boaventura auch als Ausgangspunkt für schöne Wanderungen.

✱ ✱ Ponta de São Lourenço

C 8/9

Höhe: 0 – 322 m ü. d. M.   **Lage:** 34 km östlich von Funchal

**Raue Felsen, karge Vegetation und meist eine steife Brise von vorn
– so präsentiert sich Madeira an seinem östlichen Ende, ein faszi-
nierender Kontrast zu der sonst so üppigen Küstenvegetation.**

Die Ponta de São Lourenço, deren karge Vegetation mehr der von
Porto Santo als der von Madeira ähnelt, erreicht man durch einen
750 m langen Straßentunnel bei ► Caniçal. Die Straße endet an einem Parkplatz hoch über der Abra-Bucht. Von hier reicht der Blick
weit über die fast senkrecht ins Meer hinabstürzende **Steilküste** mit
ihren schroffen Formationen. Im Nordosten erkennt man die Nachbarinsel ► Porto Santo, im Südosten die Ilhas Desertas. Einige Felswände der Ponta de São Lourenço liefern anhand ihrer Schichtungen
einen eindrucksvollen Einblick in die vulkanische Entstehungsgeschichte der Insel. Die zahlreichen Windräder dienen zur Energie-
versorgung der Industrie- und Freihandelszone von Caniçal.

**Ostspitze
von Madeira**

An der zerklüfteten Ostspitze Madeiras, der Ponta de São Lourenço, kann man die vulkanischen Ursprünge der Insel studieren …

Nur zu Fuß erreichbar
Vom Parkplatz führt eine **lohnende Wanderung** (hin und zurück ca. 4 Std.) auf Trampelpfaden durch eine beeindruckende Landschaft (Naturschutzgebiet) bis zur Ostspitze, der Ponta do Furado; bei Nebel sollte man aus Sicherheitsgründen allerdings darauf verzichten. Trittsicherheit und gutes Schuhwerk sind grundsätzlich erforderlich.

Ilhéu do Farol, Ilhéu de Agostinho
Der Ponta do Furado vorgelagert sind die unbewohnten Inselchen Ilhéu de Agostinho und Ilhéu do Farol mit einem 1870 erbauten Leuchtturm, der den **östlichsten Punkt Madeiras** markiert.

Ponta do Pargo

B 1

Höhe: 473 m ü. d. M.   **Einwohnerzahl:** ca. 1100

Im kleinen, etwas verschlafen wirkenden Ponta do Pargo, Madeiras westlichstem Ort, wird jedes Jahr im September das Apfelfest mit allen möglichen Produkten rund um diese Frucht gefeiert. Die Terrassenfelder sind hier breiter und weniger steil, so dass Feldarbeit mit dem Traktor möglich ist – praktisch einmalig auf der Insel!

... wohingegen die Westspitze der Insel, mit dem höchstgelegenen Leuchtturm Portugals bewehrt, eher an einen Schiffsbug erinnert.

Neue Bebauung – eine Schnellstraße, ein überdimensionales Altersheim und ein Golfplatzprojekt – haben die einst verschlafene Bauerngemeinde kräftig verändert. In Ponta do Pargo steht der **höchstgelegene Leuchtturm Portugals** (392 m ü. d. M.) mit einer **Westlichster Ort Madeiras** knallroten Spitze. Er steht ca. 1,5 km außerhalb des Orts am westlichsten Punkt Madeiras, weist Schiffen den sicheren Weg um die Insel und bietet eine gute Aussicht über die Westseite. Der Leuchtturm beherbergt eine kleine, interessante Ausstellung zu den Leuchttürmen Portugals (Öffnungszeiten: tgl. 9.30 – 12.00 und 14.00 – 16.30 Uhr). Ebenfalls lohnend ist der Ausblick vom **»miradouro«**, einem Aussichtspunkt, der etwa 1 km entfernt liegt.

Das kleine Gotteshaus in Ponta do Pargo, das dem heiligen Petrus geweiht ist, erhielt Ende der 1990er-Jahre ein außerordentlich **farbenfrohes Deckengemälde** mit geradezu paradiesisch anmutenden Landschaften.

▶ PONTA DO PARGO

ESSEN

▶ **Erschwinglich**

Casa de Chá »O Fio«
Rua do Fio – Salão de Baixo
Tel. 291 882 525
Modernes Ambiente hinter rustikalen Steinmauern am Aussichtspunkt. Landestypische Küche, gute Kuchen.

✶ Ponta do Sol

C 3

Höhe: ca. 30 – 180 m ü. d. M.   **Einwohnerzahl:** ca. 4500

Aus Ponta do Sol kam der Großvater des US-amerikanischen Schriftstellers John Roderigo dos Passos (1896 – 1970), der mit »Der 42. Breitengrad« und »Manhattan Transfer« Weltruhm erlangte.

Bananen, Dichter und Touristen

Ponta do Sol an der Südküste Madeiras wurde bereits um 1450 gegründet, erhielt 1501 Stadtrechte und war lange ein Zentrum des Zuckerrohranbaus. Heute ist das Zuckerrohr **Bananenplantagen** gewichen und im Ort befindet sich einer der größten Verpackungsbetriebe für Bananen, die von hier aus per Lkw nach Funchal gebracht und dann in die Bestimmungsländer exportiert werden.

Der Großvater von **John dos Passos** wanderte im 19. Jh. in die USA aus. Der Enkel besuchte die Heimat seines Großvaters mehrfach, zuletzt 1960. Eine Gedenktafel am früheren Wohnhaus der Familie in der Rua Príncipe D. Luís I. erinnert daran. Inzwischen wurde das Anwesen zum **Kulturzentrum** ausgebaut.

Die Hoffnungen auf eine touristische Belebung Ponta do Sols erfüllten sich nur zum Teil, obwohl der Ort eine beliebte Zwischenstation bei fast allen organisierten Rundfahrten über die Insel ist und neben einer hübschen Uferpromenade eine entspannte und erholsame Atmosphäre bietet.

Nachmittagssonne über Ponta do Sol mit der Kirche Nossa Senhora da Luz

▶ PONTA DO SOL ERLEBEN

ESSEN

▶ Erschwinglich

Poente
Cais da Ponta do Sol
Tel. 291 973 579
Über dem Strand von Ponta do Sol gelegen, bekannt für guten Fisch.

ÜBERNACHTEN

▶ Komfortabel

Hotel da Vila
Rua Dr. João Augusto Teixeira
Tel. 291 973 356

www.pontadosol.com
www.estalagempontadosol.com
Schwesterhaus der Design-Estalagem auf der Klippe, deren Einrichtungen mitbenutzt werden können. Viel Weiß, Holz und lokale Materialien.

SHOPPING

Die »Adega da Vila« im Ponta Sol Shopping, Estrada do 5 Centenário, offeriert eine große Auswahl an Madeiraweinen und portugiesischen Tropfen.

Sehenswertes in Ponta do Sol

Den besten Blick auf das malerische, von hohen Felswänden um-rahmte Städtchen hat man – aus Ribeira Brava kommend – oberhalb der »Sonnenspitze« von der sich ins Tal schlängelnden Straße aus. Die Gässchen und Treppen zwischen den mit Blumen geschmückten Häusern laden zum gemütlichen Bummel ein.

Malerisches Ortsbild

Die Kirche Nossa Senhora da Luz (Unsere liebe Frau des Lichtes) er-hebt sich anstelle eines Vorgängerbaus aus dem 15. Jahrhundert. Da-von blieben nur die Statue der Schutzheiligen sowie ein Taufbecken erhalten, das von König Manuel I. selbst gestiftet worden sein soll. Bei der Umgestaltung der heutigen Kirche im farbenprächtigen und detailreichen Barockstil blieb die **originale Mudejar-Holzdecke** im Chor erhalten, wurde jedoch im Stil der Zeit neu bemalt.

★ Nossa Senhora da Luz

Etwa 2 km oberhalb liegt im Orts-teil Lombada, inmitten ausgedehn-ter Bananenpflanzungen, die **Quin-ta de João Esmeraldo**. Der Haus-herr, ein **Weggefährte von Christoph Kolumbus**, betrieb im 15. Jh. eine der größten Zucker-rohrplantagen Madeiras mit vielen hundert Sklaven. Das rosafarbene Herrenhaus, in dem auch Kolum-bus verkehrt haben soll, gehört heute der Regionalregierung und dient als Schule. Die Kapelle Espírito Santo gegenüber enthält schöne Holzschnitzereien und Azulejos.

> ### ! *Baedeker* TIPP
>
> #### Levada-Runde
>
> Eine kurze, steile Holzleiter und ein serpentinen-artig verlaufender Pfad verbinden die beiden Levadas im Tal von Ponta do Sol, sodass nun eine Rundwanderung möglich ist.

★ ★ Porto Moniz

A 2/3

Höhe: ca. 10 – 280 m ü. d. M.   **Einwohnerzahl:** ca. 3500

Von Westen her windet sich die Küstenstraße in zahlreichen Serpentinen hinab zum Meer und nach Porto Moniz an der nordwestlichen Inselspitze.

Beliebte Sommerfrische
Das kleine Städtchen gilt seit längerem auch bei den Madeirensern als bevorzugte Sommerfrische; seine touristische Infrastruktur ist kräftig gewachsen und wurde deutlich modernisiert. Unter anderem entstand eine neue Küstenpromenade.

Ein wirtschaftliches Standbein neben dem Tourismus ist der **Weinbau**. Der Ort verdankt seinen Namen dem portugiesischen Adligen Francisco Moniz, der sich 1533 hier niederließ. Dank einer weit ins Meer vorspringenden Felszunge und dem mit einem Leuchtturm bebauten Ilhéu Mole ist Porto Moniz der bestgeschützte Hafenplatz an Madeiras Nordküste und war lange Zeit Walfangstation.

▶ PORTO MONIZ ERLEBEN

AUSKUNFT
Rotunda Da Piscina
Tel. 291 852 555, 291 850 193

ESSEN
▶ Erschwinglich
Pérola do Norte
Rua do Ilhéu Mole
Tel. 291 853 000
Angenehmes, familiäres Restaurant. Besonders gut sind die gegrillten Fische.

▶ Preiswert
A Latada
Sítio da Pedra Mole
Oberhalb des Ortes gelegene einfache Straßenbar mit deftigen Snacks (z.B. Innereien), manchmal auch einem Tagesgericht (Fisch mit Bohnen). Mit einer kleinen Terrasse.

ÜBERNACHTEN
▶ Komfortabel
Galo Resort Hotel Moniz Sol
Rua Forte de São João Batista
Tel. 291 850 150
www.galoresort.com
Größtes Haus im Ort, 45 Zi., beheizter Innenpool, Sauna, nebenan eine Tauchschule, Bootsausflüge.

▶ Günstig
Pensiao Salgueiro
Lugar do Tenente 34
Tel. 291 724 280
www.pensaosalgueiro.com
Familiäre Pension mit z.T. großzügigen Zimmern (Kitchenette), viele mit Meerblick. Beliebtes Restaurant.

MARKT
Die »Feira de Porto Moniz«, eine Landwirtschaftsausstellung mit Verkaufsständen, Espetada-Buden und Rindermarkt, findet im Juli statt.

Badevergnügen in den Piscinas Naturais in Porto Moniz

Sehenswertes in Porto Moniz

Eine sehr beliebte Attraktion sind die **natürlichen Wasserbecken aus Lavagestein**, die sich an der stark zerklüfteten Küste gebildet haben. Der Wasseraustausch ist durch die Brandung gewährleistet, die immer mal eine Welle herüberschickt. Die Meerwasserpools der **Piscinas Naturais** kosten zwar einen geringen Eintritt, bieten dafür aber Umkleidekabinen, Liegeflächen und eine Snackbar.

✶✶
Lava-Schwimmbecken

An der Küstenpromenade liegt das neue Zentrum der lebendigen Wissenschaften, in dem Wechselausstellungen gezeigt werden – spannend auch für Kinder (Öffnungszeiten Di.–So. 10.00–19.00 Uhr).

Centro de Ciência Viva
🕐

Am Hafen wurden Teile des alten Forts São João Baptista, das einst den Ort vor Seeräubern schützte, rekonstruiert und ein kleines **Aquarium** (Öffnungszeiten: tgl. 10.00–18.00 Uhr) eingerichtet. Außerdem wurden ein Helikopterlandeplatz angelegt und großzügige Ankermöglichkeiten für Jachten geschaffen.

Hafen
🕐

Umgebung von Porto Moniz

Jenseits von Porto Moniz führt die Straße entlang der Nordküste. Die neue Straße wird über längere Strecken durch unspektakuläre Tunnels geleitet, während die alte Straße heute einspurig als Einbahnstraße in Ost-West-Richtung verläuft. In kurzer Zeit kommt man von Porto Moniz nach Seixal, die Rückfahrt gerät zum Aben-

✶✶
Eine Rundreise an der Nordküste

teuer: Die in die Felswand geschlagene Trassierung führt durch schmale Tunnel und unter Wasserfällen hindurch – Cabrios sollten geschlossen sein, will man nicht unversehens im Nassen sitzen.

✳
Ribeira da Janela

Ribeira da Janela liegt südöstlich von Porto Moniz an dem gleichnamigen Flüsschen, das hier sein tief eingeschnittenes Talbett verlässt und ins Meer mündet. Hier erheben sich drei Felsklippen, von denen der Ilhéu da Ribeira da Janela wegen seines **natürlichen eckigen Fensterdurchbruchs** (port.: »janela« = Fenster) Ort und Fluss den Namen gab. Der eigentliche Ort liegt weiter talaufwärts in 450 m Höhe. Ein Abstecher dorthin lohnt sich: Zum einen ist das Dorf wegen des Ortsbildes und der luftigen Lage sehr hübsch, zum anderen ist die Gegend **landschaftlich ausgesprochen schön**. Eine kaum befahrene Straße führt in Windungen immer weiter bergauf bis zur Hochebene Paúl da Serra.

Ribeira da Janela spielte eine wichtige Rolle beim Bau von **Wasserkraftwerken**, der in den 1970er-Jahren noch während der Salazar-Diktatur initiiert wurde. Heute besitzt Madeira vier solcher Wasserkraftwerke, die jedoch nur einen vergleichsweise bescheidenen Teil des elektrischen Stroms für die Insel erzeugen. Inzwischen wird ein Teil der benötigten Energie auch durch Windturbinen erzeugt.

✳ ✳ Porto Santo

Nebenkarte

Höhe: 0 – 517 m ü. d. M.   **Lage:** 43 km nordöstlich der Hauptinsel Madeira

Die »goldene Insel« wird Porto Santo auch genannt. Hier fehlt all die üppige Vegetation, die Madeiras Attraktivität ausmacht, dafür besitzt die Insel etwas im Überfluss, was es auf Madeira praktisch nicht gibt: türkisblaues Wasser und einen herrlichen, rund 9 km langen, goldgelben Sandstrand, der im Übrigen auch noch gesund sein soll. Der wissenschaftliche Nachweis steht allerdings noch aus.

Die von fünf kleinen Felseninseln umgebene Insel Porto Santo liegt etwa 43 km nordöstlich von Madeira. Rund 11 km lang und ca. 6 km breit, hat Porto Santo eine Fläche von 42,5 km², seine höchste Erhebung ist der Pico do Facho mit 517 m. Von den einst zahlreichen Mineralquellen, deren Wasser sogar für den Export abgefüllt wurde, sind die meisten heute versiegt. Früher wurde auf dem südlich vorgelagerten Ilhéu de Baixo Kalk abgebaut, auf Porto Santo gebrannt und als Düngemittel und Mörtel nach Madeira verkauft. Heute leben auf Porto Santo etwa 5000 Menschen, deren wirtschaftliche Basis auf **Fischfang und Weinbau**, in jüngster Zeit auch mehr und mehr auf dem **Tourismus** beruht. Hinzu kommt der 1960 eingerichtete Nato-Flughafen.

▶ PORTO SANTO ERLEBEN

ANREISE

Zwischen Madeira und Porto Santo bestehen Schiffsverbindungen (tgl.; Dauer ca. 2 Stunden). Schneller geht es mit kleinen Turbopropmaschinen, die mehrmals täglich vom Flughafen Santa Catarina starten (ca. 20 Min.).

AUSKUNFT

Av. Henrique Vieira e Castro
Tel. 291 985 189

SPORT

Nicht nur Baden ist angesagt auf Porto Santo, man kann auch gut segeln, surfen, reiten oder Rad fahren.

ESSEN

▶ Erschwinglich

Vila Alencastre
an der ER 111, Campo de Baixo (gegenüber dem Supermarkt Zarco)
Tel. 291 985 072
Bodenständige portugiesische Küche in grünem Patio mit Holzmöbeln.

▶ Preiswert

Bar João do Cabeço
Cabeço da Ponta
Tel. 291 982 137
Snackbar mit einekm kleinen Angebot an guter, günstiger Hausmannskost (z.B. Fleischbrötchen); ab 18 Uhr, Wifi gratis.

ÜBERNACHTEN

▶ Komfortabel

Hotel Torre Praia
Rua Goulart Medeiros
Vila Baleira
Tel. 291 980 450
Fax 291 980 451
www.torrepraia.pt
Modernes Hotel in Vila Baleira am Strand mit Swimmingpool und Sonnenterrasse.

Pestana Porto Santo
an der ER 111
Sítio do Campo de Baixo
Tel. 291 724 241
www.pestana-porto-santo.com
Eines der jüngsten Hotels auf der Insel, entsprechend geräumig gehalten. 275 Zimmer, zwei große Schwimmbäder, Kinderpool, Fitnesscenter, Tennisplatz und Spa.

▶ Günstig

Residencial Theresia
Campo de Baixo
Tel./Fax 291 983 683
www.residencial-theresia.com
Privatpension direkt am Strand, vor mehr als drei Jahrzehnten eröffnet von einer Deutschen. Mit ihren sieben Zimmern ist die Residencial inzwischen der Zwerg unter den umliegenden großen Hotels.

Der schöne Sandstrand an der Südküste und entsprechende Infrastruktur haben dafür gesorgt, dass der Tourismus in den letzten Jahren stetig zunahm. Während der Sommerferien ist Porto Santo vor allem ein beliebtes Urlaubsziel für Familien aus Madeira. Das ausgeglichene Klima erlaubt aber das ganze Jahr über ein Bad im Meer. Cabeço, südlich des Hauptortes, besitzt ein Zentrum für Thalassotherapie. Jüngste Attraktion ist der im Süden zwischen Capela de São Pedro und der Nordküste angelegte Golfplatz.

★ ★
Gemütliche Ferieninsel

Sand, Sand und nochmals Sand, insgesamt rund neun Strandkilometer lang ...

Aufforstung Einst war Porto Santo mit Drachenbaum, Wacholder und Heide dicht bewachsen. Die ersten Siedler rodeten das fruchtbare Land und bauten Getreide an zur Versorgung portugiesischer Überseeexpeditionen, eine lukrative Angelegenheit. Doch bald verkarstete das Land, Regenwasser spülte den Boden weg. Einen neuen Aufschwung nahm der Getreideanbau im 18. Jh., abzulesen an den Windmühlen. Heute gibt es vergleichsweise wenig Getreide-, Wein-, Obst- und Gemüseanbau, doch versucht man, durch intensive Aufforstungsmaßnahmen die Landschaft wieder zu begrünen.

Geschichte Als gesichert gilt, dass João Gonçalves Zarco und Tristão Vaz Teixeira die Inselgruppe 1418 aufsuchten und zunächst das leichter zugängliche Porto Santo (»Heiliger Hafen«) erkundeten. 1419 kehrten sie mit Bartolomeu Perestrelo zurück, der mit Hilfe portugiesischer Siedler die Insel urbar zu machen begann. Berühmtester Bewohner von Porto Santo war Christoph Kolumbus (▶ Berühmte Persönlichkeiten), der um 1450 angeblich einige Jahre auf der Insel verbrachte, verheiratet mit Filipa Moniz, Perestrelos Tochter. Im 16. und 17. Jh. nahmen die Piratenüberfälle auf die relativ ungeschützte Insel so überhand, dass die Bewohner sich an den Bau von Festungen machten und zeitweise ernsthaft erwogen, ganz nach Madeira zu übersiedeln.

Christoph Kolumbus ▶

Porto Santo *Orientierung*

Sehenswertes auf Porto Santo

Der **Hafen- und Hauptort** Vila Baleira, früher Porto Santo, liegt an der flachen Südküste der Insel. Hier lebt der weitaus größte Teil der Bevölkerung von Porto Santo, trotzdem ist es ein geruhsames Städtchen mit Markthalle, mehreren kleinen Hotels, Pensionen und Restaurants. Eine mittlerweile nur noch als Buffet-Restaurant genutzte Markthalle steht am Küstensaum, außerdem ein Kunsthandwerkszentrum (Centro de Artesania) mit verschiedenen Läden in der Rua Manuel Gregório Pestana jun. Zentraler Platz von Vila Baleira ist der schön gepflasterte **Largo do Pelourinho**, Treffpunkt für Einheimische

Vila Baleira

und Touristen. »Pelourinho« ist ein als Zeichen der Gerichtsbarkeit aufgestellter Pranger. Hier steht die schlichte weiße Pfarrkirche **Nossa Senhora da Piedade**, die nach der Brandschatzung durch Piraten 1667 wieder errichtet wurde. Ihr schönster Schmuck ist das Azulejobild einer Pietà an der Außenwand. Ebenfalls am Largo do Pelourinho steht das **Rathaus** (Câmara Municipal), ein gutes Beispiel für die Architektur der portugiesischen Renaissance.

In dem angeblich von Kolumbus bewohnten **Casa Museu Cristóvão Colombo** ist heute ein nettes kleines Museum eingerichtet mit allerlei Gerätschaften aus dem täglichen Leben sowie alten Seekarten, Darstellungen und Dokumenten aus der Geschichte der Seefahrt (Öffnungszeiten Di. – Sa. 10.00 – 12.30, 14.00 – 17.30, So. 10.00 – 13.00 Uhr, Juli – Sept. bis 19.00 Uhr).

Weitere Ziele auf Porto Santo

Nossa Senhora da Graça An der Straße von Vila Baleira Richtung Nordosten steht die 1951 errichtete kleine Kirche Nossa Senhora da Graça, die auf einen Kapellenbau aus dem 15. Jh. zurückgeht und wegen einer Wunder wir-

Einst Wohnsitz von Christoph Kolumbus, heute Kolumbus-Museum

kenden Heilquelle verehrt wird. Hier wird alljährlich am 15. August (Mariä Himmelfahrt) das wichtigste Heiligenfest der Insel gefeiert.

Vom Aussichtspunkt Portela weiter östlich genießt man einen guten Blick über den Süden und Osten von Porto Santo mit der kleinen Insel Ilhéu de Cima, auf der ein Leuchtturm steht.

Aussichtspunkt Portela

Nördlich über Porto Santo erhebt sich der baumbestandene Pico do Castelo (437 m ü.d.M.), der Kegel eines erloschenen Vulkans. Auf seiner Spitze stehen die spärlichen Reste einer Festung (16. Jh.). Ein Denkmal ist dem Begründer der Wiederaufforstungsbemühungen gewidmet. Bei Camacha nördlich des Pico do Castelo wird **traditionell Wein angebaut** – mittlerweile mit recht modernen Mitteln. Im Ort kann man das Ergebnis dieser Arbeit verkosten. An der Nordküste hinter Camacha trifft man auf die **Fonte da Areia**, deren Wasser bei Magen-, Darm- und Hauterkrankungen helfen soll. Manchen gilt sie gar als Quell ewiger Jugend. Wer einfach nur Durst und Hunger hat, kann sich hier gleich zum Picknick niederlassen.

Pico do Castelo

> **!** *Baedeker* TIPP
>
> **Gemütlich oder sportlich?**
> Zehn Kilometer lang ist der durchgehend eben verlaufende Küstenradweg Porto Santos parallel zum goldenen Sandstrand. Wer es anstrengender mag, kann sich auch aufmachen zur Inselumrundung – mit immerhin drei beachtlichen Steigungen.

Der Pico de Ana Ferreira (283 m ü.d.M.) im Westen der Insel zeigt interessante **Säulenbasaltformationen**. An seinem Südabhang steht die schlichte Capela de São Pedro (17./18. Jh.), die nur am Namenstag des hl. Petrus (29. Juni) für die Allgemeinheit geöffnet ist. Golffreunde zieht es eher zum nahe gelegenen 18-Loch-Golfparcours. Ein weiterer Golfplatz ist in Planung.

Pico de Ana Ferreira

Von der Ponta da Calheta, der auch als Badeplatz beliebten **Südwestspitze von Porto Santo**, bietet sich ein schöner Ausblick auf den vorgelagerten Ilhéu de Baixo, bei klarer Sicht auch auf Madeira und die Ilhas Desertas. Die nahe gelegenen Restaurants servieren vorzügliche Fischgerichte. Im Gespräch ist, eine Seilbahn zwischen der Hauptinsel und den Ilhéu de Baixo einzurichten, doch nach heftigen Protesten von Umweltschützern, die vor allem eine Störung der dort brütenden Vogelkolonien befürchten, muss zunächst die Umweltverträglichkeit des Projektes geklärt werden.

Der einzige Campingplatz auf dem gesamten Madeira-Archipel, der Parque do Campismo in Vila Baleira auf Porto Santo, Rua Goulart Medeiros, Tel. 291 982 160, Fax 291 982 584, ist das ganze Jahr über geöffnet. Weitere Informationen sind erhältlich unter www.madeira-camping.de.

Madeiras einziger Campingplatz

★ Ribeira Brava

C / D 4

Höhe : ca. 30 – 180 m ü. d. M.   **Einwohnerzahl:** ca. 9000

Bedeutung erlangte Ribeira Brava vor allem dadurch, dass sich hier ein wichtiger Nord-Süd-Weg über den Encumeada-Pass und ein Ost-West-Handelsweg kreuzten. Händler und Kaufleute trafen sich in Ribeira Brava, um Geschäfte abzuschließen.

»Wilder Fluss« Ribeira Brava, ein ehemaliges Fischerstädtchen an der Mündung des gleichnamigen Wildbaches, liegt an Madeiras Südwestküste. In den Sommermonaten nicht mehr als ein besseres Rinnsal, kann er bei Regenfällen im Winter schnell zu einem reißenden Gewässer werden – daher der Name **»Wilder Fluss«**. Durch die Verkehrserschließung kam ein gewisser Wohlstand in das kleine Dorf, das zum beliebten Wochenendziel bei den Einheimischen avancierte. Entsprechend wuchs eine Fülle von Apartmenthäusern hinter dem alten Ortskern. Per Tunnel kann dieser nun umfahren werden; dafür entstand am Meer eine hübsche, breit angelegte Promenade mit weiten Plätzen. Verlockend ist auch der schwarze Strand mit Meeresschwimmbecken und riesiger Fontäne.

Sehenswertes in Ribeira Brava

Gepflegtes Ortsbild Bei einem Spaziergang, der nicht mehr als eine halbe Stunde in Anspruch nimmt, sieht man einige hübsche Beispiele für die typische Architektur von Madeira: bunte Fensterläden, schmiedeeiserne Balkongitter und fein gegliederte Fassaden. An der Uferpromenade sind die Reste eines alten Forts zu sehen, das im 17. Jh. zum Schutz vor Korsarenüberfällen errichtet wurde. Heute hat die Touristeninformation hier ihr Büro.

 RIBEIRA BRAVA ERLEBEN

AUSKUNFT
im Forte de São Bento
Tel. 291 951 675

ESSEN
▶ **Erschwinglich**
Restaurante Água Mar
Estrada Regional/
Rua Engenheiro Ribeiro Pereira
Tel. 291 951 148
Spezialitäten sind fangfrische Fische und Krustentiere.

ÜBERNACHTEN
▶ **Günstig**
Quinta do Cabouco
Caminho do Cabouco
Tel. 918 696 996
Restauriertes, liebevoll dekoriertes Herrenhaus aus dem 18. Jahrhundert mit großem Garten in ruhiger Panorama-Lage oberhalb des Hauptortes. Bis zu 8 Personen haben hier Platz (Selbstversorgung), Dinner am Wochenende buchbar.

Im Zentrum ragt an einem mit kunstvollen Pflastermosaiken verzierten Platz die Igreja de São Bento, eine hübsche Dorfkirche aus dem 16. Jh., auf, deren **Kirchturmspitze mit blauweißen Fliesen verziert** und von einer Armillarsphäre gekrönt ist. Das Taufbecken soll angeblich ein Geschenk von König Manuel I. aus dem Jahr 1500 sein. Beachtung verdienen auch die Kanzel im manuelinischen Stil, die prachtvollen Barockaltäre und einige kunstvolle Azulejos. An den Seitenwänden des Chors sieht man wertvolle Gemälde von flämischen Künstlern.

Nur wenige Meter entfernt steht das Rathaus von Ribeira Brava, ein 1776 gebautes, gut erhaltenes **Herrenhaus** inmitten einer sehr schönen, parkähnlichen Gartenanlage, die zu einer Pause einlädt.

Wer sich für die **Geschichte von Madeira** interessiert, dem sei ein Besuch im **modernen Volkskunde-**

Die Kirche von Ribeira Brava im Festschmuck

museum (Museo Etnográfico) empfohlen. Interessant und unterhaltsam aufbereitet, bietet es Informationen über die madeirensische Fischerei, über das ländliche Madeira, die Weinproduktion sowie die Herstellung von Weinfässern, außerdem Wissenswertes über das Weberhandwerk; auch alte Korbschlitten und Ochsenkarren sind ausgestellt. Der Museumsshop offeriert reizvolles Kunsthandwerk (Öffnungszeiten: Di. – So. 10.00 – 12.30 und 14.00 – 18.00 Uhr).

✳ Ribeiro Frio

C 6

Höhe: 860 m ü. d. M.   **Einwohnerzahl:** ca. 100

Inmitten einer Gebirgslandschaft und der letzten zusammenhängenden Laurazeenwälder der Insel liegt das kleine Ribeiro Frio – übersetzt »Kalter Fluss« –, das wegen der staatlicherseits initiierten Forellenzucht Ziel aller touristischen Busrundfahrten über die Insel und damit zeitweilig auch sehr voll ist.

Gemütlich sitzen, etwas trinken und Forellen verspeisen in Victor's Bar

Sehenswertes in Ribeiro Frio

✳ **Forellenzucht**

In terrassenförmig angelegten, vom Fluss Ribeiro Frio mit kaltem, sauerstoffreichem Wasser gespeisten Becken werden Forellen gezüchtet und an gastronomische Betriebe verkauft oder in den Wildbächen der Insel ausgesetzt, wo man sie angeln kann. Die Forellenzuchtstation von Ribeiro Frio ist ein Genuss für alle Sinne: Die Becken sind in eine hübsche kleine Parkanlage mit duftenden Buchsbaumhecken integriert.

 RIBEIRO FRIO

ESSEN

▶ **Preiswert**
Victor's Bar
Tel. 291 575 898
Rustikales Ausflugsrestaurant, das – wen wundert's – köstlich frische Forellen (port. truta) serviert.

Hinter »Victor's Bar« beginnt der Parque Florestal, Naturschutzgebiet und **Weltnaturerbe der UNESCO**, der den hier noch ursprünglich erhaltenen **Laurazeenwald** der Insel bewahren soll. Außerdem gibt es zahlreiche endemische Pflanzen, die vor dem Aussterben geschützt werden sollen.

✳ **Wanderung zum Aussichtspunkt Balcões**

Von Ribeiro Frio führt ein ausgesprochen lohnender Wanderweg entlang der Levada do Furado zum Aussichtspunkt Balcões. Nach der einfachen, gut einstündigen Wanderung (hin und zurück) durch eine herrliche Landschaft hat man vom Aussichtspunkt Balcões einen **prächtigen Blick auf die höchsten Gipfel von Madeira** – Pico Ruivo, Pico das Torres und Pico do Arieiro. Entsprechende Kondition, Schwindelfreiheit und Trittsicherheit vorausgesetzt, kann man in der entgegengesetzten Richtung entlang der Levada do Furado bis nach Portela wandern.

✴ Santa Cruz

Höhe: 0 – 150 m ü. d. M.   **Einwohnerzahl:** ca. 10 000

Der noch recht ursprüngliche Fischerort Santa Cruz an Madeiras Südostküste wird wegen der Nähe zum Flughafen Santa Catarina von Touristen kaum wahrgenommen, dabei ist er sehr hübsch.

Zum Flanieren lädt eine schön gepflasterte, mit Palmen bepflanzte Uferpromenade ein. Auch am geradezu malerischen Kieselstrand mit bunten Fischerbooten spenden Palmen wohltuenden Schatten. Am Ortsende lockt die beliebte **Badeanlage »Praia das Palmeiras«**.

Uferbummel

Sehenswertes in Santa Cruz

Die Altstadt bietet ein bemerkenswert geschlossenes Ensemble mit hübschen schmalen Gässchen. Auffällig sind das Rathaus aus dem 16. Jahrhundert, das mit manuelinischen Steinmetzarbeiten geschmückt ist, und auch das Gericht mit seiner geschwungenen Freitreppe, das in der Nähe der Kirche liegt, ist einen Blick wert.
Einst durch den Zuckerrohranbau reich geworden, gönnte sich die Gemeinde die **nach der Sé in Funchal zweitgrößte Kirche Madeiras**. Die dreischiffige Pfarrkirche São Salvador wurde 1533 über den Resten einer älteren Kapelle, von der ein Grabmal (1470) erhalten ist, errichtet. Die Sakristei bewahrt Azulejos aus dem 16. Jh., die einst

✴
Geschlossenes Ensemble

> ! **Baedeker TIPP**
>
> **Rutschvergnügen!**
> Der Wasserpark in Santa Cruz begeistert vor allem Familien: zwei Swimmingpools (einer davon für Kinder), umflossen vom »Lazy River«, fünf Toboggan-Bahnen und vier schnelle Rutschen – der Badespaß ist also garantiert.

das wegen des Flughafenbaus abgetragene Franziskanerkloster Nossa Senhora da Piedade zierten. Reste des manuelinischen Stils findet man noch bei einem Portal im Chor und einem Fenster.

▶ SANTA CRUZ ERLEBEN

ESSEN

▶ **Preiswert**
Praia das Palmeiras
in der Badeanlage
Wer vom Baden hungrig geworden ist, kann hier ganz schnell Abhilfe schaffen, mit leckeren Fischgerichten auf der Terrasse.

ÜBERNACHTEN

▶ **Komfortabel**
Hotel Santa Catarina
Rua do Bom Jesus, 22
Tel. 291 520 000
www.santacatarinahotel.com; 40 Zi.
Modernes Hotel mit Garten, Spielsalon und dem Restaurant »Loural«.

Ein friedlich-idyllisches Bild bietet der Kiesstrand von Santa Cruz.

Markthalle Zwei Kachelbilder mit Fischfang- und Feldsaat-Szenen von dem portugiesischen Künstler António Aragão zieren die Fassade der alten Markthalle. Die Halle selbst will man für kulturelle Zwecke nutzen.

★ Santana

B 6

Höhe: 420 m ü. d. M.   **Einwohnerzahl:** ca. 4500

Inmitten des fruchtbarsten Bezirks von Madeira liegt Santana. Mit seinen für den Tourismus zurechtgemachten, von schönster Blumenpracht umgebenen strohgedeckten Häusern ist Santana eine der malerischsten Ortschaften der Insel.

Sehenswertes in Santana und Umgebung

★
Casas de Colmo Typisch sind die denkmalgeschützten Casas de Colmo (Strohhäuser), **spitzgieblige Häuschen, deren strohgedeckte Dächer bis zum Boden reichen** und so das Innere vor den Unbilden der Witterung schützen. Früher gab es zahlreiche dieser Häuschen, heute hat ihre Zahl aufgrund der aufwändigen und teuren Dächer, die regelmäßig erneuert werden müssen, abgenommen. Die Stadtverwaltung sah sich veranlasst, neben dem Rathaus zwei Exemplare quasi als Schauhäuser neu zu errichten – eines davon beherbergt die Touristeninformation.

● SANTANA ERLEBEN

AUSKUNFT
Sítio do Serrado
Tel. 291 572 992

MARKT
Bauernmarkt mit Blumen, Gemüse, Obst und Honig, jeden Sonntag ab 10.00 Uhr an der Straße zum Pico Ruivo.

ÜBERNACHTEN
► Günstig
O Colmo
Santana Sítio do Serrado
Tel. 291 570 290
Fax 291 574 312, 40 Z.
Recht angenehmes Hotel im Zentrum von Santana mit Hallen-Swimmingpool, Sauna und gutem Restaurant.

Residencial O Cortado
Tel. 291 572 240, Fax 291 573 538
Zwei Häuser an der etwas lauten Straße zwischen Faial und Santana. Vom oberen hat man einen weiten Blick bis zum Meer. Zur Residencial gehören zwei Casas de Colmo, in denen man direkt unterm Strohdach schläft.

ESSEN
► Preiswert
Restaurante O Pescador
Sítio Pico António Fernandes
Tel. 291 572 272
Sehr gute Küche in elegantem Ambiente. Besonders lecker sind die hervorragenden Fischgerichte und verschiedene Lammzubereitungen.

Baedeker-Empfehlung

► Erschwinglich
Quinta do Furão
Achada do Gramacho
Tel. 291 570 100
www.quintadofurao.com
Nördlich von Santana an der Küste gelegen mit schönem Blick aufs Wasser. Exzellente Küche in recht speziellem Ambiente. Zum Haus gehört ein modernes Hotel.

Eine interessante Sehenswürdigkeit hat Santana mit dem **Themenpark zur Geschichte und Kultur Madeiras** (Parque Temático da Madeira) zu bieten. Seine vier Pavillons befassen sich unter anderem mit der Entdeckung Madeiras und ganz allgemein mit der Zukunft unseres Planeten. Eine Wassermühle, Ochsenschlitten, ein Heckenlabyrinth und ein kleiner See mit Booten sind weitere Attraktionen. Über das rund 7 ha große Gelände kann man sich auch mit einer kleinen Besucherbahn fahren lassen. Für das leibliche Wohl sorgen zwei Restaurants und eine Bar (Öffnungszeiten tgl. außer 25. Dezember 10.00 – 19.00 Uhr).

Madeira gestern, heute und morgen

☉

Mit der Seilbahn (Teleférico) kann man am Ortsrand von Santana die Steilküste hinunter nach Rocha do Navio fahren (Sa., So., Mi.; genaue Betriebszeiten nennt die Touristeninformation in Santana). Der Strand unten ist zwar etwas unwirtlich, aber die Fahrt bietet spektakuläre Landschaftseindrücke.

Seilbahn zur Rocha do Navio

Von Santana führt ein schöner Ausflug zur Casa das Queimadas (883 m ü.d.M.), einem Forsthaus mit Picknickplätzen in den Bergen südwestlich von Santana. Zu Fuß kommt man weiter südlich zum üppig grünen **Parque Florestal das Queimadas** an den Hängen des Pico Ruivo (1862 m ü.d.M.), der von hier auch bestiegen werden kann.

★
**Ausflug
zur Casa das
Queimadas**

★ Santo da Serra

C 7

Höhe: 675 m ü. d. M.   **Einwohnerzahl:** ca. 2000

Santo da Serra – vollständig eigentlich Santo António da Serra – liegt auf einer wiesenreichen Hochfläche im Osten Madeiras und genießt seit jeher den Ruf eines noblen Luftkurortes.

Insbesondere im 18. Jh. galt der Ort als **bevorzugter Wohnsitz der reichen Kaufmannsfamilien von Funchal**, die sich hier ihre Quintas errichten ließen. Heute ist Santo da Serra vor allem bekannt für seinen traumhaft gelegenen **Golfplatz** (▶ Praktische Informationen, Sport).

Sehenswertes in Santo da Serra

Die ursprünglich zur Quinta do Santo da Serra gehörende Gartenanlage im Ortszentrum nahe der Kirche wurde zu einem öffentlichen Park umgestaltet und ist heute **auch bei Madeirensern ein beliebtes Ausflugsziel**. Ein sehr schöner von Agapanthus, Kamelien, Hortensien und anderen Pflanzen gesäumter Weg führt durch den hübschen Park, in dem es auch mehrere Spiel- und Sportplätze und außerdem ein kleines Gehege mit Hirschen und Rehen gibt. Die Quinta

★
**Quinta do
Santo da Serra**

> **?** **WUSSTEN SIE SCHON …?**
>
> ■ … dass es auf Madeira, zum Beispiel in Santo da Serra, auch Apfelwein, den so genannten »sidra« gibt? Probieren Sie doch mal!

gehörte früher einmal zum Besitz der Familie Blandy: Das alte Sommerhaus liegt versteckt hinter Hecken und hohen Bäumen.

Im unteren Teil des Parks kommt man zum Miradouro dos Ingleses (Aussichtspunkt der Engländer), einer in den Fels gehauenen Aussichtsplattform – der Blick reicht in östlicher Richtung bis nach ▶ Machico und zur Halbinsel ▶Ponta de São Lourenço. Seinen Namen erhielt der Miradouro durch die englischen Kaufleute, die hier einen Aussichtsposten stationiert hatten. Wenn der Wachhabende ein Han-

★
**Miradouro
dos Ingleses**

← Zwar bieten sie nicht viel Platz unter ihrem Dach, aber in puncto Gemütlichkeit sind die Casas de Colmo in Santana kaum zu schlagen.

▶ SANTO DA SERRA ERLEBEN

ESSEN

▶ **Günstig**

A Nossa Aldeia
Sítio dos Casais Próximos
Tel. 291 552 142
Deftige einfache Gerichte, u. a. Grill-
spieße (Espetadas), Stockfisch, Lamm.

ÜBERNACHTEN

▶ **Erschwinglich**
Quinta do Pântano
Estrada da Fonte de Sto. António, 61

Tel. 964 006 907
www.quintadopantano.com
2 Studios und ein Haus für 4 Pers. auf
dem Areal einer ländlichen Quinta
mit Teich, Tieren, biologischem Anbau. Eigene Produkte zum Frühstück.

MARKT
Sonntags ab 12.00 Uhr findet unweit
der Kirche die »Feira da Ladra« statt,
ein Markt mit Gemüse, Obst, Kleidung und vielem anderen.

delsschiff am Horizont erblickte und entsprechenden Bescheid gab,
blieb den tüchtigen Geschäftsleuten genügend Zeit, sich eilends nach
Funchal zu begeben, um bei dessen Landung und der Löschung der
Ladung gleich vor Ort zu sein.

★ São Jorge

B 6

Höhe: ca. 10 – 150 m ü. d. M.   **Einwohnerzahl:** ca. 3000

**In und um São Jorge an der Nordküste Madeiras wachsen viele der
Weidenruten für die Korbwarenherstellung und auch der Weinbau
spielt eine große Rolle.**

Sehenswertes in São Jorge und Umgebung

★
**Igreja de
São Jorge**

In São Jorge steht eine der bemerkenswertesten Kirchen der Insel, sicher das schönste Gotteshaus an der Nordküste. Die **dem heiligen
Georg geweihte Barockkirche** wurde anstelle der 1660 durch Überschwemmung zerstörten Kapelle aus dem 15. Jahrhundert auf einer
Anhöhe neu errichtet. Während das Äußere des Gotteshauses
schlicht und unauffällig wirkt – ein für Madeiras Sakralbauten typi-
sches Understatement –, ist die Kirche innen überreich mit vergoldetem Holzschnitzwerk, schönen Altarbildern und außerordentlich
kunstvollen Azulejos ausgeschmückt.

★
**Ponta de
São Jorge**

Von der mit einem Leuchtturm bewehrten und weit ins Meer hi-
nausragenden Ponta de São Jorge bietet sich ein fantastischer Blick
auf die westliche und die östliche Nordküste.

*Die Arbeit ist anstrengend und alles andere als lukrativ – aber was täten
die Korbflechter von Camacha ohne ihre unermüdlichen Zulieferer ...*

Zwischen São Jorge und dem nach wie vor recht abgelegenen Arco de São Jorge westlich davon kommt man am Aussichtspunkt »Cabanas« vorbei. Der Ausblick auf die Nordküste gehört zu den fantastischsten überhaupt. Obststände hiesiger Bauern und der Souvenirladen locken mit ihren Angeboten. Die Tatsache, dass hier so gut wie alle Touristenbusse halten, hat zwar eine gewisse Unruhe gebracht, aber auch zu bescheidenem Wohlstand in São Jorge beigetragen. In der **Quinta do Arco** in Arco de São Jorge ließen der ehemalige Bürgermeister von Funchal und seine Frau einen üppigen öffentlichen **Rosengarten** mit mehr als 1700 Gewächsen anlegen.

★
**Miradouro
Cabanas**

 ## SÃO JORGE ERLEBEN

ESSEN

▶ **Preiswert**
Casa de Palha
Achada Grande (hinter der Kirche)
Tel. 291 576 382
Das originelle kleine Lokal in einem traditionellen Holzhaus serviert einfache Snacks.

ÜBERNACHTEN

▶ **Komfortabel**
Quinta do Arco
Sítio da Lagoa, Arco de S. Jorge
Tel. 291 570 250
www.quintadoarco.com
Auf dem großzügigen Quinta-Areal wohnt man in farbenfrohen Häusern.

★★ São Vicente

B 4

Höhe: ca. 15 – 350 m ü. d. M.   **Einwohnerzahl:** ca. 6000

São Vicente ist ein günstiger Ausgangspunkt für die Besteigung des Pico dos Tanquinhos (1524 m ü. d. M.) und des Ruivo do Paúl (1640 m ü. d. M.), die eine prächtige Hochgebirgsaussicht bieten.

Die malerische Ortschaft liegt an der Mündung der Ribeira de São Vicente an der Nordküste. Während direkt an der Küste in neuerer Zeit ein paar Hotels und Restaurants gebaut wurden, liegt der eigentliche Ort, von wilder Hochgebirgslandschaft umgeben, etwas landeinwärts hinter einem Berghang – eine weise Vorsichtsmaßnahme, um Piraten nicht anzulocken. 1928 wurde São Vicente durch einen Bergrutsch teilweise verschüttet.

? WUSSTEN SIE SCHON …?

■ … dass auf Madeira inzwischen auch durchaus anspruchsvoller Tischwein hergestellt und verkauft wird, z. B. in São Vicente?

Sehenswertes in São Vicente

★
Malerisches Ortsbild

São Vicente bietet ein insgesamt sehr geschlossenes Ortsbild, was nicht zuletzt daran liegt, dass sich die Bewohner in einer gemeinsamen Aktion um das Erscheinungsbild ihrer Häuser kümmerten und sie in den 1980er-Jahren renovierten. Der Lohn dafür – und natürlich Sinn der gelungenen Maßnahme – waren ein **Denkmalschutzpreis** und steigende Besucherzahlen.

▶ SÃO VICENTE ERLEBEN

ESSEN
► **Erschwinglich**
Taberna de São Vicente
Sítio do Calhau
Tel. 291 848 034
Berto und Zeta haben sich Anregungen in ganz Portugal geholt und servieren Tintenfisch ebenso wie Steak.

ÜBERNACHTEN
► **Günstig**
Quinta Casa da Piedade
Sítio do Laranjal
Tel. 291 846 042, Fax 291 846 044

Ausgesprochen hübsche Quinta mit 7 Zimmern in einer kleinen, sehr gepflegten Gartenanlage. Alle Räume sind ansprechend und freundlich eingerichtet.

Quinta Estalagem do Vale
Sítio da Feiteira de Baixo
Tel. 291 840 160
www.estalagemdovale.com
Nach einer bewegten Geschichte wurden in dem historischen Herrenhaus ca. 2 km oberhalb des Ortes 42 schlichte Gästezimmer eingerichtet (►Baedeker Special Guide).

Die Grutas de São Vicente entstanden, als sich vor rund 400 000 Jahren Lavaströme aus den Bergen in das Tal ergossen.

Sehenswert ist die barocke Pfarrkirche aus dem 17. Jahrhundert. Das Innere ist mit vergoldetem Holzschnitzwerk und Gemälden ausgestattet, an der bemalten Decke findet sich die Darstellung des Schutzheiligen Vincent. Auf dem gepflasterten Platz vor der Kirche sind die **Attribute des São Vicente** dargestellt: zwei Raben, die den Leichnam des Heiligen verteidigen, und das führerlose Schiff, in dem er der Legende nach in Südportugal an Land gespült worden sein soll.

★
Igreja de São Vicente

Wo die Ribeira de São Vicente in den Atlantik mündet, hebt sich ein markanter Felsen mit weithin sichtbarem Gipfelkreuz aus dem Wasser. Die aus dem Jahr 1692 stammende kleine Capela de São Roque auf der Landseite besitzt interessante Kieselmosaike an ihrer Fassade.

Capela de São Roque

Obgleich schon viel früher entdeckt, wurden die Höhlen von São Vicente erst 1996 der Öffentlichkeit zugänglich gemacht. Der geführte Rundgang durch die künstlich beleuchteten Höhlen dauert ca. 60 Minuten und gleicht einer **Reise in das Erdinnere**. Die Höhlen sind das Ergebnis gewaltiger Lavaströme, die vor etwa 890 000 Jahren, als die Vulkane auf Madeira zum letzten Mal ausbrachen und der Insel ihre heutige topografische Gestalt gaben, aus dem Gebiet des ►Paúl da Serra herabströmten (Öffnungszeiten: tgl. 10.00 – 18.00 Uhr). Neu entstanden auf dem Gelände der Höhlen sind das **Zentrum des Vulkanismus** mit audiovisuellen Vorführungen zum Thema Vulkanausbruch und Entstehung einer Insel sowie ein Garten mit vorwiegend einheimischen Pflanzen.

★
Grutas de São Vicente

🕐

Seixal

B 3

Höhe: ca. 10 – 350 m ü. d. M.   **Einwohnerzahl:** ca. 900

Seixal ist bekannt für seinen ausgezeichneten Sercial-Wein, dessen Reben hier in mühevoller Arbeit angebaut werden. Außerdem liegt es recht reizvoll auf einem ins Meer ausgreifenden Berg.

Umgeben von Reben
Etwa auf halbem Weg zwischen ▶ Porto Moniz und ▶ São Vicente liegt inmitten von Weinterrassen am Hang eines Bergvorsprungs der kleine Ort Seixal. Zum Schutz vor den kräftigen Atlantikwinden werden die Parzellen mit hüfthohen Hecken umgeben.

Küstenstraße
Man nähert sich Seixal am besten von Osten her, also aus Richtung São Vicente. Hier fährt man einen eindrucksvollen Abschnitt der nördlichen Küstenstraße entlang, der an vielen Stellen allerdings durch Tunnel führt. Man baute diese Straße parallel zur alte Küstenstraße, auf der man wesentlich langsamer vorankam. Landschaftlich war die alte Küstenstraße traumhaft schön: Die kunstvoll und unter

Das weit ausgreifende Land, auf dem Seixal sich erhebt, ähnelt einer ins Meer patschenden Tatze.

 SEIXAL ERLEBEN

ESSEN

► Erschwinglich

Casa de Pasto Justiniano
Sítio Chão da Ribeira (landeinwärts)
Tel. 291 854 559
www.casadepastojustiniano.com
Espetada traditionell serviert: Der mit
Fleisch bestückte Lorbeerspieß wird
an einer Kette über dem Tisch
aufgehängt; jeder nimmt sich selbst
seine Portion. Auch frische Forellen.

► Preiswert

Brisa Mar
Sítio do Cais
Tel. 291 854 474

Kleines Restaurant, in dem man gut
frischen Fisch essen kann.

ÜBERNACHTEN

► Günstig

Casa das Videiras
Sítio Serra D'Água
Tel. 291 222 667
Fax 291 222 006
www.casa-das-videiras.com
Nette Bed-&-Breakfast-Adresse mit
nur vier kleinen, nostalgisch-elegant-
en Zimmern (drei im Haupthaus,
eines im Gartenhaus); kann auch als
Selbstversorger-Domizil komplett
gemietet werden.

Ausnutzung aller technischen Möglichkeiten in die fast senkrecht abstürzende Felsküste gehauene und teilweise durch enge Tunnel oder
über steinerne Brücken geführte Straße zog direkt über dem tosen-
den Wasser dahin. Lange noch war sie als Einbahnsrtaße parallel zur
Schnellstraße zu befahren, ist mittlerweile aber an vielen Stellen
durch Felsabbrüche bzw. Erdrutsche verschüttet und fast vollständig
gesperrt. An den Stellen, an denen die Schnellstraße außerhalb der
Tunnel verläuft, bekommt man noch einen kleinen Eindruck des
einstigen Fahrvergnügens.

Von einem Aussichtspunkt ca. 1 km östlich vor Seixal sieht man besonders gut den sog. Véu da Noiva, den »Brautschleier«, einen
beeindruckenden **Wasserfall**, der aus der Felswand weit ins Meer hi-
nabstürzt. Für den Anblick stärken kann man sich an der Bar, insel-
typische Souvenirs liefert der Shop nebenan.

Véu da Noiva

REGISTER

BILDNACHWEIS

VERZEICHNIS DER KARTEN
& GRAFISCHEN DARSTELLUNGEN

IMPRESSUM

Ausstattung:
130 Abbildungen, 13 Karten und grafische Darstellungen, eine große Inselkarte

Text:
Monika I. Baumgarten, Dr. Peter H. Baumgarten, Achim Bourmer, Heiner F. Gstaltmayr, Dr. Eva Missler

Überarbeitung:
Rita Henss

Bearbeitung:
Baedeker Redaktion (Dr. Eva Missler)

Kartografie:
Klaus-Peter Lawall, Unterensingen; Franz Kaiser, Sindelfingen; Falk Verlag, Ostfildern (Reisekarte)

3D-Illustration:
jangled nerves, Stuttgart

Gestalterisches Konzept:
independent Medien-Design, München (Kathrin Schemel)

Sprachführer in Zusammenarbeit mit Ernst Klett Sprachen GmbH, Stuttgart, Redaktion PONS Wörterbücher

Chefredaktion:
Rainer Eisenschmid, Baedeker Ostfildern

9. Auflage 2012

Urheberschaft:
Karl Baedeker Verlag, Ostfildern

Nutzungsrecht:
MAIRDUMONT GmbH & Co KG; Ostfildern
Der Name Baedeker ist als Warenzeichen geschützt. Alle Rechte im In- und Ausland sind vorbehalten. Jegliche – auch auszugsweise – Verwertung, Wiedergabe, Vervielfältigung, Übersetzung, Adaption, Mikroverfilmung, Einspeicherung oder Verarbeitung in EDV-Systemen ausnahmslos aller Teile des Werkes bedarf der ausdrücklichen Genehmigung durch den Verlag Karl Baedeker GmbH.

Anzeigenvermarktung:
MAIRDUMONT MEDIA
Tel. 0049 711 4502 333
Fax 0049 711 4502 1012
media@mairdumont.com
http://media.mairdumont.com

Printed in China
Gedruckt auf 100% chlorfrei gebleichtem Papier

BAEDEKER VERLAGSPROGRAMM

- ▶ Ägypten
- ▶ Algarve
- ▶ Allgäu
- ▶ Amsterdam
- ▶ Andalusien
- ▶ Argentinien
- ▶ Athen
- ▶ Australien
- ▶ Australien • Osten
- ▶ Bali
- ▶ Baltikum
- ▶ Barcelona
- ▶ Bayerischer Wald
- ▶ Belgien
- ▶ Berlin • Potsdam

- ▶ Bodensee
- ▶ Brasilien
- ▶ Bretagne
- ▶ Brüssel
- ▶ Budapest
- ▶ Bulgarien
- ▶ Burgund
- ▶ Chicago • Große Seen
- ▶ China
- ▶ Costa Blanca
- ▶ Costa Brava
- ▶ Dänemark
- ▶ Deutsche Nordseeküste
- ▶ Deutschland

- ▶ Deutschland • Osten
- ▶ Djerba • Südtunesien
- ▶ Dominik. Republik
- ▶ Dresden
- ▶ Dubai • VAE
- ▶ Elba
- ▶ Elsass • Vogesen
- ▶ Finnland
- ▶ Florenz
- ▶ Florida
- ▶ Franken
- ▶ Frankfurt am Main
- ▶ Frankreich
- ▶ Frankreich • Norden
- ▶ Fuerteventura
- ▶ Gardasee
- ▶ Golf von Neapel
- ▶ Gomera
- ▶ Gran Canaria
- ▶ Griechenland
- ▶ Griechische Inseln
- ▶ Großbritannien
- ▶ Hamburg
- ▶ Harz
- ▶ Hongkong • Macao
- ▶ Indien
- ▶ Irland
- ▶ Island
- ▶ Israel
- ▶ Istanbul
- ▶ Istrien • Kvarner Bucht
- ▶ Italien
- ▶ Italien • Norden
- ▶ Italien • Süden
- ▶ Italienische Adria
- ▶ Italienische Riviera
- ▶ Japan
- ▶ Jordanien

- ▶ Kalifornien
- ▶ Kanada • Osten
- ▶ Kanada • Westen
- ▶ Kanalinseln
- ▶ Kapstadt • Garden Route
- ▶ Kenia
- ▶ Köln
- ▶ Kopenhagen
- ▶ Korfu • Ionische Inseln
- ▶ Korsika
- ▶ Kos
- ▶ Kreta
- ▶ Kroatische Adriaküste • Dalmatien
- ▶ Kuba
- ▶ La Palma
- ▶ Lanzarote
- ▶ Leipzig • Halle
- ▶ Lissabon
- ▶ Loire
- ▶ London
- ▶ Madeira
- ▶ Madrid
- ▶ Malediven
- ▶ Mallorca
- ▶ Malta • Gozo • Comino
- ▶ Marokko
- ▶ Mecklenburg-Vorpommern
- ▶ Menorca
- ▶ Mexiko
- ▶ Moskau
- ▶ München
- ▶ Namibia
- ▶ Neuseeland
- ▶ New York

BAEDEKER ENGLISH

LIEBE LESERINNEN, LIEBE LESER,

ein herzliches Dankeschön, dass Sie sich für einen Baedeker Allianz Reiseführer entschieden haben. Er wird Sie zuverlässig auf Ihrer Reise begleiten und Sie nicht im Stich lassen.
Natürlich beschreibt er die wichtigen Sehenswürdigkeiten, aber er empfiehlt auch Hotels für den großen und kleinen Geldbeutel, gibt Tipps für Restaurants, Shopping und für vieles mehr, was eine Reise zum Erlebnis macht. Dafür haben unsere Autoren Sorge getragen. Sie sind für Sie regelmäßig nach Madeira gereist und haben all ihre Kenntnisse und Erfahrungen in diesen Reiseführer gepackt.

Trotzdem: Die Erfahrung zeigt, dass Fehler und Änderungen nach Drucklegung, für die der Verlag keine Haftung übernehmen kann, nicht ausgeschlossen werden können. Für Kritik, Berichtigungen und Verbesserungsvorschläge sind wir Ihnen außerordentlich dankbar. Schreiben Sie uns, mailen Sie uns oder rufen Sie an:

▶ **Verlag Karl Baedeker GmbH**
Redaktion
Postfach 3162
D-73751 Ostfildern
Tel. (0711) 4502-262, Fax -343
E-Mail: info@baedeker.com

Besuchen Sie uns auch im Internet unter www. baedeker.com. Hier finden Sie jeden Monat den aktuellen Reisetipp der Redaktion und das gesamte Verlagsprogramm. Hier können Sie auch lesen, wer Karl Baedeker war und wie er seinen ersten Reiseführer geschrieben hat. Mit seinen über 180 Jahren ist der Karl Baedeker Verlag der älteste Reiseführer-Verlag der Welt.

www.baedeker.com

▶ ZU GEWINNEN: **STADTREISE NACH LONDON**

Unter allen Einsendungen verlost der Verlag am Jahresende – unter Ausschluss des Rechtswegs – eine Städtekurzreise für zwei Personen nach London.
Freuen Sie sich auf ein spannendes Wochenende in London. Natürlich ist ein Baedeker Allianz Reiseführer London auch dabei!